춤은 인간사랑仁을 '몸짓'으로 나누는 예술이다.

공자가 인간사랑仁을 '예악禮樂'으로 실천했다면,
이순신은 인간사랑仁의 구현을 위해 '신독愼獨'을 실천한 위인이다.

그런 의미에서 나에게 춤은 '수신修身'이다.

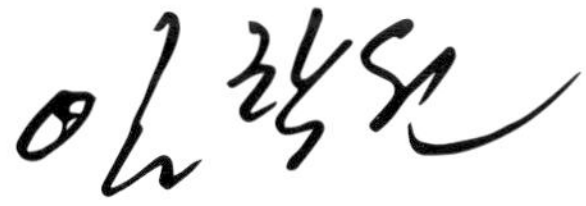

성균관대학교 무용학과 연습실에서

무속굿을 소재로 한 작품
〈새다림〉 문예회관대극장 1983

무속굿을 소재로한 작품
〈인다리〉 문예회관대극장 1985

태극을 소재로 한 작품
〈태극구조기본춤〉 두리춤터 2014

태극을 소재로 한 작품
〈태극구조기본춤〉 두리춤터 2015

문묘일무를 소재로 한 작품
〈위대한 스승 공자〉 예술의전당 오페라극장 2004

문묘일무를 소재로 한 작품
〈영웅 이순신〉 아르코예술극장 대극장 2015

임학선 춤 50년 작품집

임학선 안무론

굿에서 태극, 그리고 문묘일무

임 학 선 지음

임학선 춤 50년 작품집

임학선 안무론

굿에서 태극, 그리고 문묘일무

임 학 선 지음

차례

Ⅲ. 임학선 저서

1. 여유와 극복의 춤새김질

2. 문묘일무보 도해

3. 문묘일무의 이해

4. 문묘일무의 예악사상

저자 서문

나에게, 춤은 수신修身이다

무용가를 꿈꾸었던 학창 시절을 지나 안무가와 춤지도자로 활동해온 지난 시간을 돌이켜보니 나에게 춤은 '수신'의 과정이었다.

나 자신의 창작세계를 펼치기 위해 지루하고 긴 시간을 일관된 신념으로 인내해야 했고, 미래의 주역이 될 제자 양성에도 긴 시간을 지켜보며 기다려야 했다. 춤 작가 데뷔 20주년 공연 때 나는 "한참을 돌아 다시 제자리에 와 있다"라고 했다. 이후 늘 하던 일에 열중하며 지나간 15년 역시 또다시 한참을 지나 제자리에 와 있는 듯하다. 춤에 대한 끊임없는 탐구가 언제나 나를 그 자리에 맴돌게 만드는 것 같다.

생각해보면, 나의 안무 현장에는 늘 연구가 있었다. 작품 구상을 위해서 연구가 필요했고 그 연구는 창작의 기반이 되었으며 또한 공연으로 이어졌다. 이렇듯 연구와 작품 창작과 공연은 나에겐 별개가 아니라 늘 하나였다. 무속의 '굿춤' 연구를 통해 춤어법과 표현기법을 찾을 수 있었고, '태극'구조로 형성되는 한국춤 연구를 통해 기본체계를 세울 수 있었으며, '문묘일무' 연구에 몰두하며 춤의 정신을 찾을 수 있었던 일, 특히 문묘일무 춤사위의 원형을 복원하는 것은 누군가 했어야 하는 일로 매우 의미 있는 일이었다. 내 자신의 춤어법과 표현기법, 기본체계, 춤철학을 구축할 수 있었던 것은 안무가로서 그저 감사할 따름이다.

'굿에서 태극, 그리고 문묘일무'는 바로 이 같은 과정에서 자연스럽게 지어진 나의 두 번째 안무론의 타이틀이다. 『여유와 극복의 춤새김질』에 발표된 첫 번째 안무론 '굿에서 태극에 이르기까지'의 연장선상에서 쓰게 된 두 번째 안무론은 문묘일무 연구와 콘텐츠 개발 프로젝트 〈위대한 스승 공자〉와 〈영웅 이순신〉의 작품 창출 과정에서 쓰게 된 글이다.

'공자'가 인간사랑仁을 '예악禮樂'으로 실천했다면, '이순신'은 인간사랑의 구현을 위해 '신독愼獨'을 실천한 위인이다. 그런 의미에서 춤은 나에게 수신修身이었음을 깨닫게 된 것이다.

임학선 춤 50년을 맞아 크고 작은 국내외 활동을 정리하면서 적지 않은 아쉬움도 있지만 내 자신의 춤인생을 반추하는 이 시간들이 소중하게 느껴진다.

모두 4권의 책으로 엮게 된 그간의 활동은 『임학선 안무론』과 『임학선 안무노트 – 마음꽃』을 비롯하여, 평론가가 본 임학선의 춤을 기록한 글을 모아 『임학선 작가론』과 『임학선 춤평론』으로 각각 정리해보았다.

『임학선 안무론』은 춤을 만들게 한 나의 신념과 의지를 논한 글이다.

제1장에서 '굿에서 태극, 그리고 문묘일무'라는 나의 안무론과 그간의 안무 현장을 메모한 안무스케치, 제2장에서는 나의 창작 기반이 된 '굿·태극·문묘일무'의 연구 내용을, 제3장에서는 춤 현장을 기반으로 한 그간의 저서를 소개하는 것으로 구성하였다.

『임학선 안무노트 – 마음꽃』은 안무 과정의 실체를 보여주는 일종의 예술노트이다. 작품을 구상하고 실제 안무에 임하기까지의 제작 과정을 기록한 것이다. 안무를 위한 춤대본을 쓰고, 각각의 장면을 디자인하고, 그것을 토대로 안무해가는 과정을 보여준다.

『임학선 작가론』은 나의 예술세계를 비평적 관점에서 다각적으로 논한 글이다. 나의 춤 활동 50년을 맞아 이상일, 김태원, 임태승, 장석용, 성기숙, 김기화, 박자은이 발표한 작가론을 비롯하여 춤작가 데뷔 30년 공연에 대한 김태원, 김경애, 이만주의 글, 그리고 김영태가 초창기 안무 활동을 꼼꼼히 기록한 춤작가 데뷔 20년의 임학선론까지 모두 한데 모아보았다.

『임학선 춤평론』은 춤문화의 역사적 현장을 기록한 리뷰 형식의 글이다. 무용평론가들의 글을 비롯하여 인터뷰와 대담 등을 모아 그간의 활동을 주제별로 본 임학선의 춤과 국제무대를 통해 본 임학선의 춤으로 구분하여 엮어보았다.

그 시작은 2014년 이른 봄부터인 것으로 기억된다. 나의 첫 작품집인『여유와 극복의 춤새김질』이후 쌓여 있던 자료들과 50년 세월이 압축된 사진을 정리하는 동안 지난 과거는 새록새록 현실로 되살아나기 시작했고, 소소한 흔적들은 나를 어린 아이처럼 설레고 또 웃음 짓게 했다. 그러기를 꼬박 4년이 흘렀다.

작품집 네 권의 동시발간이라는 지난한 과정에도 불구하고, 이번에도 나를 지켜준 건 역시 제자들이 아닌가싶다. 교정을 맡아준 정향숙, 연보 정리의 노한나, 스캔을 열심히 받아준 박완주, 책의 디자인을 맡아준 이승은, 그리고 총 편집에 힘써준 박자은에게 각별한 고마움을 전한다.

무엇보다도 필자의 작품집이 성균관대학교 유가예술문화콘텐츠연구소 총서로 발간되는 것에 깊이 감사한다. 오늘이 있기까지 지속적으로 지원해주신 총장님 이하 학교 관계자와 출판부 여러분, 임학선 춤 50년 작가론과 공연리뷰를 남겨주신 평론가님들, 긴 세월 함께 하며 무대를 빛내준 자랑스러운 제자들, 그리고 사랑하는 가족과 남편에게도 따뜻한 고마움을 전하고 싶다.

성균관대학교 무용학과 문행석좌교수

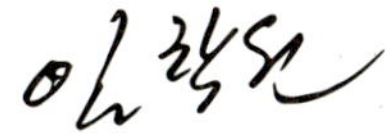

I. 임학선 안무론

1. 안무론

굿에서 태극, 그리고 문묘일무

굿에서 태극,
그리고 문묘일무

1900년대 초 이 땅에 신무용이라는 새로운 스타일의 춤이 출현하였듯이, 1970년대 중반 젊은 무용가들은 기성세대와는 다른 시각에서 한국춤을 바라보는 변화가 있었다. 한국춤 현대화에 앞장섰던 그들의 춤은 오늘날 '한국창작춤' 이라는 장르로 구분되고 있다. 보는 관점에 따라 다르겠지만 무용계에서는 당시 젊은이들의 활동을 한국창작춤 1세대로 보고 있다. 40년이 되어가고 있는 한국창작춤의 역사와 더불어 그간 안무가로 활동해온 나로서는 책임감과 함께 지속적인 발전에 대한 기대를 갖게 된다.

한국창작춤의 출현과 더불어 작가론과 안무론이 나오기 시작한 것 또한 무용계의 변화라고 할 수 있을 것이다. 작가론은 평론가나 제삼자가 안무가의 작품을 분석적으로 읽어내는 글이고, 안무론은 안무가가 자신의 작품에 대한 생각을 직접 쓰는 글이다. 안무가가 직접 쓰는 안무론의 경우 타인이 읽어내기 어려운 세밀한 부분을 좀 더 자세하게 표현할 수 있다는 점에서 의미가 있을 것이다. 반면 작가론은 공연을 통해 안무가의 생각뿐만 아니라 안무가로 하여금 또 다른 영감을 불러일으키도록 자극하기도 한다. 안무가의 글과 비평가의 글은 작품을 분석하거나 이해하는 데 상호 보완적인 측면에서 도움이 될 것이다.

작가론은 1996년 성기숙이 「전통·일상·현실·세계화, 의식의 열림과 확장 – 임학선론」을 객석에 발표한 것이 처음인 것으로 안다. 그리고 나의 작품집 『여유와 극복의 춤새김질』(1999)에 수록된 이상일의 「무용 기본기법의 당위성과 임학선 춤의 태극구조」와 김태원의 「입무入舞의 몰아경과 조소적 춤형태미」, 그 외에 김영태(1936~2007)의 「현대예술로서 한국춤 좌표 자리매김 – 임학선론」(춤저널 2000. 12), 이만주의 「동양적 정신의 춤 개척, 일무 및 위대한 스승 공자 – 임학선 춤작가 데뷔 30주년」(공연과 리뷰 2008. 겨울호), 김기화의 「임학선 춤예술의 변화와 그 표현성 – 엑스터시적 몰입에서 미니멀적 조형미까지」(공연과 리뷰 2014. 가을호), 그리고 임학선 춤 50년 학술심포지엄 대토론회[1]에서 발표된 이상일의 「무용작가 임학선의 위상」, 임태승의 「춤의 신화적 원시성과 제의적 근원성에 대한 탐구」, 장석용의 「임학선 춤연기 50년에 걸린 초록 물결」, 박자은의 「두리춤터 제2기의 소극장 춤 활동」 등이 작가론적 성격의 글이다. 나의 안무론은 「굿에서 태극에 이르기까지」(1999)라는 글이 있고, 이번에 쓰는 「굿에서 태극, 그리고 문묘일무」는 이전의 연장선상에

1. 임학선 춤 50년을 기념하는 학술심포지엄 '임학선의 춤세계를 조명하다'가 2014년 4차에 걸쳐 두리춤터에서 있었다. 1차(2014. 7. 15.)와 2차(2014. 7. 21)에서는 임학선의 초기작품 감상 및 토론회가 있었고, 3차(2014. 11. 1)에서는 김태원, 성기숙, 윤덕경, 박자은이 발제하였고, 4차(2014. 12. 22)에서는 이상일, 임태승, 장석용, 임학선이 각각 작가론과 안무론을 발표하는 대토론회가 있었다.

서 쓰는 나의 두 번째 안무론이 된다.

첫 번째 안무론에서 "나는 전통춤을 좋아한다. 그러나 창작춤에 더 매력을 느낀다"라고 썼다. 시간이 지나면서 좋아하는 것과 매력을 느끼는 것의 차이가 무엇일지 생각하게 되었다. 평소 전통이 창작의 기반이 됨을 중요하게 여겨온 나로서는 좋아하는 것과 매력을 느끼는 것 사이에서 우위를 가리는 것 자체가 의미 없는 일인 것 같다. 성인 공자는 "아는 것은 좋아하는 것만 못하고, 좋아하는 것은 즐거워하는 것만 못하다"(『論語』「雍也」 知之者, 不如好之者, 好之者, 不如樂之者)라고 하였다. 어떤 마음으로 이 세상을 살아가야 하는지 일깨워주는 대목이라 할 수 있겠다. 춤과 함께 쉼 없이 달려와 서 있는 나 자신을 돌아보니 이제는 전통춤과 창작춤을 단순히 좋아했던 것이 아니라 즐기면서 춤을 추어왔다고 말할 수 있을 것 같다.

전통이 창작의 기반이 된다는 나의 생각은 「굿에서 태극에 이르기까지」라는 첫 안무론에서 이제는 문묘일무의 연구로 이어지고 있다. 이와 같은 춤 여정은 전통에서 나의 춤 세계를 찾고자 했던 일관된 생각의 연속이다. 어느 시대 어느 국가를 막론하고 전통은 역사 그 자체로서 오랜 세월 동안 이어진 사람들의 삶의 모습일 것이고, 그 모습은 저마다 제각각일 것이다. 오늘날의 창작 또한 전통으로부터 이어진 삶의 변화된 또 다른 모습일 것이다. 우리 삶의 모습이 시대의 흐름과 더불어 진화하며 변화되듯이 춤의 변화된 모습도 이와 같은 맥락에서 이해될 수 있다고 본다.

춤과 인연을 맺은 지 어느덧 50년이다. 14세 때 춤에 입문하여 대학에서 무용을 전공하였고 창작춤 〈속죄〉를 졸업작품으로 안무 발표하였다. 1975년 황무봉(1930~1995)류 산조춤 〈여운〉으로 신인 무용가로 데뷔한 이래 안무 활동을 40여 년 가까이 해오고 있다. 무용단을 창단하여 활동한 지도 30년이다. 따라서 이 글은 그

동안 내가 어떠한 생각으로 춤을 배우고 가르치며 한국창작춤 활동을 해왔는지, 그리고 안무가로서 어떻게 나의 춤 세계를 구축하게 되었는지에 대한 이야기가 될 것이다. 굿에서 태극, 그리고 문묘일무로 이어지는 나의 창작춤 활동은 대략 4단계로 말할 수 있을 것 같다.

1단계, 우리춤의 역사 인식과 한국창작춤으로의 작가정신 함양
2단계, 굿의 재해석을 통한 춤언어와 표현기법 구축
3단계, 명무 한성준의 춤구조 분석을 통한 한국춤의 기본체계 정립
4단계, 문묘일무 연구를 통한 춤철학 확립

1. 우리춤의 역사 인식과 한국창작춤으로의 작가정신 함양

우리춤 뿌리 찾기에 힘쓰다

나의 한국창작춤 활동은 창무회의 활동과 그 맥을 같이한다. 1976년 동인단체로 창단된 창무회는 오늘날 한국창작춤 장르로 구분되는 한국춤의 현대화 작업을 처음으로 주도한 단체이다. 나는 초대 대표(1976~1984)로 활동했다. 창단 초기에는 특별한 방법론을 갖지 못했지만 한국춤의 새 역사를 쓰는 일에 주저하지 않았다. 무용평론가 김영태가 「임학선론」에서 "창무회의 창단은 (중략) 창작춤을 창무회가 선도했다는 의미를 지닌다"(춤저널 2000. 12)라고 그 의미를 밝혔듯이, '이 시대의 우리춤을 추자'[2]라는 정신하에 모인 20대 후반 무용가들의 동시대적 활동은 한국춤계

에 적잖은 파문과 영향을 미쳤다.

20세기 초 새로운 사조와 양식으로 시작된 최승희류의 신무용이 1970년대 중반까지 주를 이루었다. 물론 나도 그 춤을 공부하였다. 대학에서는 한국춤뿐만 아니라 발레와 현대무용을 배우며 창작무용을 처음 접하게 되었고, 무용학과 월례발표회에서 내가 만든 작품을 발표하는 경험도 하였다. 단지 동작을 연결하는 수준이었지만 나에게 그것은 매우 소중한 경험이었다. 대학원 시절에는 내가 추고 있는 춤에 대해 여러 가지 물음이 생겼다. 그 답을 찾아보기 위해 우리춤의 역사와 뿌리에 관심을 갖고 무속춤을 연구하였다. 14세에 강신한 후 무巫 의식을 정통으로 익힌 무인 이지산李芝山[3]을 만나 그에게 서울 경기 지역의 무속춤을 공부하였고, 1975년 「진오귀굿의 무당춤에 대한 고찰」을 석사논문으로 썼다.

우리춤의 근원과 원형 탐색에 몰두했던 무속 연구는 역사적 맥락에서 춤을 이해하는 것이 매우 중요함을 인식하는 계기가 되었고, 그것은 나의 창작 활동과 학문적 연구에 많은 영향을 끼쳤다. 무당굿을 보기 위해 서울 서대문에 위치한 인왕산 꼭

진오귀굿의 춤사위

2. '民俗 춤 넘어서는 方法論을 찾는다 –「創舞會」 오늘이 있기까지'라는 주제로 임학선, 김명숙, 임현선, 이노연, 최은희 5인이 공간사 회의실에서 대담(1982. 8. 17)을 가졌다. 이 대담에서 '현시대의 춤을 추어야 한다', '우리 세대에 맞는 오늘을 주제로'라는 생각으로 회원들 모두가 작업에 임하고 있음을 말하고 있다.

3. 임학선은 '한민학회韓民學會(회장 柳東秀)'의 멤버로 활동하면서 무속굿을 연구하였다. 한민학회는 韓民學의 정립을 위해 1975년 창립된 단체로 무속굿을 다양한 측면에서 연구하였다.

굿에서 춤추는 무녀의 모습 (이지산 무 의식 발표 프로그램)

대기의 국사당을 열심히 오르내렸고, 굿이 열리는 곳이면 어디라도 마다 않고 쫓아갔다. 굿판이 벌어지는 현장에서 음악을 녹음하고, 사진을 찍고, 춤사위를 그리고, 그것을 분석하여 정리하는 것까지 스스로 해야 했다. 더욱 값진 경험은 굿판에서 신들린 무당의 춤을 보았고, 많은 사람들이 울고 웃으며 서로를 달래고 보듬으며 위로하는 모습을 볼 수 있었던 점이다. 그 모습에서 오래전부터 이어 내려온 한국인의 심성과 우리 문화예술의 면모를 엿볼 수 있었다. 바로 이 시기에 춤 현장 연구는 물론 자료 정리의 중요성과 춤 연구방법을 나름대로 터득하게 되었고, 춤꾼으로서 무대에서 지녀야 할 태도와 정신에 대해서도 생각하게 되었다. 이렇듯 나에게 춤 연구와 창작 활동은 따로따로가 아니라 늘 함께였다.

한국창작춤의 시작을 알리다

창무회는 이화여대 한국춤 전공 졸업생들이 모인 단체로 창단 멤버는 임학선과 한 해 후배인 위정희, 장푸르메, 이주경, 이민숙 등이었고, 그 밖에도 몇몇 후배

들이 있었지만 실제로 뜻을 함께하지는 못했다. 임현선이 창단 2개월 후인 1977년 대학을 졸업하면서 회원으로 합류하였고, 1978년 대학 졸업을 앞두고 있던 최은희와 이노연이 회원으로 합류함에 따라 임학선, 임현선, 최은희, 이노연 네 사람이 중심이 되어 제1회 창무회 무용발표회의 막을 올리게 되었다.

창단 3년 만에 갖게 된 제1회 창무회 무용발표회는 젊은 무용가들로부터 시작된 한국춤 현대화의 새로운 시도였다. 공연의 제1부는 전통춤 레퍼토리, 제2부는 창작춤 레퍼토리로 구성되었다.

– 제1부

춘앵전 (임현선)

선율을 타고 (임학선)

작법 (임현선, 최은희, 이노연, 김재형)

– 제2부

이 한 송이 피어남에 (최은희 안무)

초신 (이노연 안무)

나그네의 환상 (조수동, 김재형 안무)

거미줄 (임학선, 임현선 안무)

최은희와 이노연은 자신들의 졸업작품을 각각 독무로 추었고, 〈나그네의 환상〉은 연극인들의 찬조작품이었다. 나는 임현선과 〈거미줄〉을 안무하였으며 연극

전공생이었던 조수동, 김재형, 한진섭, 최인권이 객원 출연하였다. 기존의 한복 스타일을 변형시킨 의상을 입고, 거미줄을 상징하는 긴 밧줄을 들고 맨발로 춤을 추었다. 의욕은 앞섰지만 특별한 방법론을 갖지 못해 한계를 뛰어넘지 못한 공연이었다. 당시 무용 전문기자였던 구희서는 우리 공연에 대한 실망감을 여실히 드러내는 기사를 썼던 것으로 기억된다. 어렵게 준비한 발표회는 아쉬움을 많이 남기는 공연으로 막을 내리게 되었지만 우리는 다음을 준비해야 했다.

제1회 창무회 공연 프로그램 1978

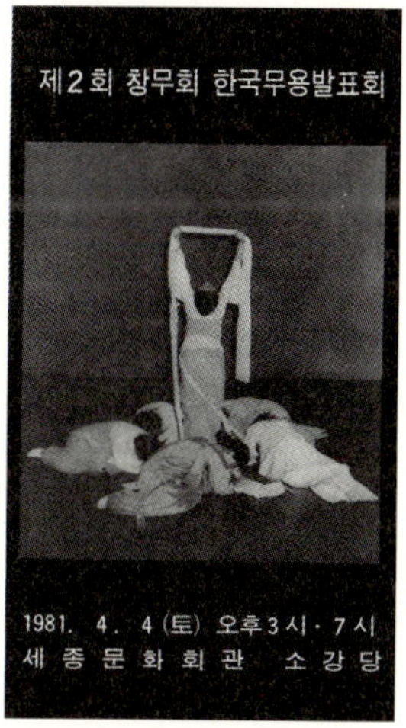

제2회 창무회 공연 프로그램 1981

전통 재창조를 시도하다

제2회 창무회 정기공연을 준비 중이던 1979년 윤덕경, 김명숙, 손경순, 김명희, 이혜순, 김영희, 손정희, 황인주가 차례로 회원으로 합류하게 되었다. 창단공연과는 달리 새로운 춤방법론 모색에 전념하였던 제2회 공연은 한 차례 공연을 뒤로 미루는 진통을 겪기도 했다. 준비기간 동안 독일에서 귀국한 조영래(무대미술)로부터 유럽의 공연문화와 실험정신으로 변화를 추구했던 현대예술에 대한 이야기를 들으며 열띤 토론시간을 갖곤 했다.

특별한 방법론을 갖지 못했던 창단공연과는 달리 두 번째 무대를 준비하는 동안 차츰 생각이 정리되어갔다. 중요하게 느끼게 된 것은 전통을 바로 보고, 그것을 새로운 시각으로 재해석하고, 민속적 차원을 뛰어넘는 방법론을 찾아야겠다는 생각을 갖게 된 것이다.

그리하여 전통춤 〈진주검무〉와 전통을 재해석한 작품 〈도르래〉, 그리고 현대인의 삶을 새로운 방법으로 접근한 작품 〈소리 · 사위〉로 프로그램을 구성하였다. 우리 스스로 해내야 한다는 의지가 절실했기에 단원 모두가 참여하는 공동안무로 힘을 모았다. 〈진주검무〉는 임현선, 김영숙, 김영희, 손정희가 출연하였고, 〈도르래〉는 임학선, 임현선, 최은희, 이노연, 황인주, 김명희의 6인 공동안무로 이루어졌다. 〈소리 · 사위〉는 임학선, 윤덕경, 김명숙, 임현선, 최은희, 이노연, 이혜순, 황인주, 김명희, 김영희, 손정희가 공동안무 출연하였으며, 그 외 연극인 김기섭이 객원 출연하여 남성 무용수가 없었던 우리의 빈자리를 채워주었다.

당시 우리는 '이 시대의 우리춤을 추자'는 생각으로 새로운 춤문화 운동을 본격적으로 전개하였다. 이를 두고 평론가 박용구는 "새로운 세대의 등장이다. 그리고 창무회는 그 선두주자의 하나라는 명예를 갖고 기수의 역할을 꾸준히 해오고 있다. 고유한 삶의 몸짓으로 현대에 부응하는 문법을 체계화하는 이들 새로운 세대의 등장과 활약은 우리 무용 분야의 빛이요, 희망이 아닐 수 없다"라고 창무회 10주년 특별 기고에서 밝힌 바 있다.

우리의 분명한 생각은 기성세대와는 차별화된 것이었기에 모두가 아이디어 찾기에 고심했다. 작품 〈도르래〉는 임학선, 임현선, 최은희, 이노연, 황인주, 김명희 6인이 공동안무하고 출연하였다. 나는 안무를 시작하면서 가장 먼저 음악을 선곡했다. 마침 내가 가지고 있던 김영동의 창작곡을 작품 음악으로 삽입하였고, 부족한 부분은 제주도 토속 악기인 물허벅 소리를 녹음하여 보충하였다. 작품 구성의 전체적인 큰 틀을 좌우하는 안무는 선배인 내가 맡았지만, 임현선과 최은희를 포함한 출연자들은 그 틀에 맞추어 각자의 동작을 구성하는 방식의 공동안무로 작품을 완성하였다.

불교의 윤회사상으로 재해석한 작품 〈도르래〉는 만남과 이별, 삶과 죽음의 관계가 인연이라는 끈에 의해 묶이고 풀리며 돌아가는 것을 도르래로 상징한 작품이다. 당시에 많이 사용되던 흰 천을 사용하였지만 그 천은 단순한 장식으로서가 아니라 작품의 주제가 되는 인연을 응축시켜 표현하는 도르래의 상징이 된 것이다. 두 사람을 하나로 이어주는 3개의 긴 끈이 휘감기며 도르래가 되어 돌아가는 무용수들의 동작은 김영동의 음악을 타고 흐르며 호소력 있는 몸짓으로 표현되었다. 이에 대해 무용평론가 채희완은 "격렬함을 속에 감추고 정화수 한 그릇에 온몸을 던지고선 잔잔히 날아오르는 한국적 심성을 일깨워주는 수작이다"(춤 1981. 5)라고 호평하였다.

어미는 이빨로
네 배꼽줄을 끊었다.
끊어도 끊고
또 끊어도 끊이지 않는 끈이 있어
나를 묶고 너와 나를 묶고
태초를 묶어 돈다.
끝없이 돌아간다.
봄바람이 영원히 불어간다.

– 1981년 초연 프로그램

〈도르래〉 세종문회회관 소극장 1981

한국춤의 틀을 깨다

제2회 공연에서 가장 주목을 받았던 작품은 바로 〈소리·사위〉였다. 새로운 시각에서 실험적으로 접근한 이 작품은 조영래의 도움으로 한국춤의 틀을 완전히 깨는 작업이었다. 그는 주변에서 들을 수 있는 여러 소리를 수집해서 음악으로 사용하면 좋을 것 같다고 제안했다. 그것은 현대를 상징하는 소리를 주변에서 얻고자 한 것이었다. 출연자들이 수집해온 시계 소리, 기차 소리, 말발굽 소리, 군화 발자국 소리, 물건 부서지는 소리 등 소음과도 같은 시끄러운 소리까지도 음악으로 편집해서 사용했다. 그리고 매일 아침 접하게 되는 신문을 오브제로 활용하여 현대사회를 상징하였고, 뉴스를 전하기 위해 신문을 찍어내는 인쇄소의 기계 소리를 배경음악으로 하였다. 현대사회와 시간의 흐름을 상징했던 인쇄기계 돌아가는 배경음악 사이사이에 다양한 소리가 편집되었다.

그 소리에 맞추어 평상복 차림의 한 남성이 무대 한편에서 무언가를 생각하며 서성대고 무용수들은 그의 생각이 되어 춤을 추었다. 스트레스에 파묻혀 사는 현대인의 일상과 거기에서 탈출하고자 하는 심리적 갈등을 표현하였다. 클라이맥스에서는 무대장치로 사용했던 신문지를 뜯어내어 찢고 내던져진 뭉치 더미에 무용수들이 또다시 파묻히게 되는 아이러니한 상황이 전개되었다. 이처럼 〈소리·사위〉라는 제목은 단원들이 수집해온 갖가지 '소리'와 한국춤의 동작을 의미하는 '사위'가 합쳐진 것이다.

우두둥둥 쿠덩쿵 덜커덩 덩쿵
은빛 날개 하나 내 주위를 맴돈다.

한 조각 영상을 입에 넣고 불린다.

그것은 점점 커져서

나는 이제 밥을 먹을 수도 없다.

날아라 날자 작은 날개

나는 더 이상 존재하지 않는다.

덜커덩 덩쿵 삑! 삐이익!

찢긴 날개 조각 손안에 보여

나는 실없이 웃는다.

우두둥둥 쿠덩쿵 쿠르르르르

내일은 날자!

– 1981년 초연 프로그램

〈소리·사위〉 세종문회회관 소극장 1981

〈소리·사위〉 안무 역시 전체적인 조합은 내가 주도하면서 출연자들은 팀별로 나누어 작품의 부분 부분을 안무하고 각자의 동작을 만들면서 안무를 완성하였다. 그야말로 협업의 안무방식을 취하는 것이 초창기 창무회의 안무법이었다. 이 같은 협업의 안무법은 서로 보고 배울 수 있는 장점을 지닌다. 선배나 후배의 작품에 출연하더라도 내 작품처럼 아이디어를 내고 합심하며 여러 편의 수작을 만들어냈던 것이 창무회의 안무방식이었다. 이는 최근의 안무작업에도 적용하는 나의 안무방법이기도 하다.

〈소리·사위〉는 당시 무용계에 큰 충격이었다. 젊은이들의 과감한 시도를 두고 용기 있는 도전이라고 한 반면 염려의 소리도 만만치 않았다. 그야말로 믿기지 않는 찬반양론의 평가가 쏟아져 나왔다. 원로들은 한국춤을 망치는 아이들이라고까지 했지만, 채희완은 현대예술로서의 한국무용을 자리매김하는 것으로 "새로운 한국무용 시대가 시작되었다"(춤 1981. 5)라는 글을 썼다. 한편 이순열은 "한국춤의 재창조 훌륭히"(서울신문 1981. 4. 9)라는 글을 기고했다. 돌연변이처럼 등장한 우리의 실험정신을 긍정적으로 평가해주는 글들은 젊은이들로 하여금 창조작업에 더욱 매진하도록 하는 큰 힘이 되었다.

대한민국무용제에 참가하다

제3회 대한민국무용제 참가작 〈고시래〉(1981)는 황금만능주의에 젖어 있는 현대사회를 비판하는 작품이다. 무용평론가 강이문(1923~1992)이 이 작품에 대해 느낀 점을 "일차적으로 투철한 실험정신이요, 두 번째로는 예술을 사회, 문화적 차원에서 다루려는 사상이다. 그래서 관념적이 아닌 실험을 통하여서만이 시행착오를 스스로 수정해 나가려는 과학정신이 돋보이며 누구의 눈치에도 영합하지 않으려는 고집이 있다. 그것은 예술에 도전하는 지성적 구성원들의 이상과 품격 발현이기도 하다. (중략) 이 작품은 나름의 품격을 지니고 생각하는 작품이라는 점에서 호감이 갔다. 다만 앞으로의 문제는 한국 민족무용의 전통성 파악과 창작 방향의 모색, 그리고 방법론에 대한 깊은 성찰이 있었으면 한다"(춤 1981. 11)라고 지적하였듯이 여전히 풀어야 할 과제를 남겼다.

임학선에서 윤덕경과 이노연으로 대표 체제를 유지하는 16년 동안 제4회 대한민국무용제에서 '대상'(넋들임, 최은희 안무)을 수상하였고, 〈인다리〉(임학선 안무), 〈빈산〉(윤덕경 안무), 〈메아리 애가〉(임현선 안무), 〈열림굿〉(이노연 안무), 〈터〉(이혜순 안무), 〈어디만치 왔니〉(김영희 안무) 등 한국창작춤을 대표하는 작품들이 계속 발표되었다. 그러나 이노연이 대표직을 마치는 1992년 12월, 사실상 동인체제의 성격은 더 이상 이어지지 못하는 변화를 맞게 되었다. 나는 1984년 수원대 교수로 부임하면서 임학선무용단을 창단하여 활동을 펼쳤고, 주요 멤버였던 최은희(경성대), 윤덕경(청주대), 임현선(대전대), 김영희(이화여대), 이노연(부산시립무용단) 등은 각자의 자리에서 초창기 실험정신으로 한국창작춤 활동을 펼쳐갔다.

〈고시래〉 문예회관 대극장 1981

2. 굿의 재해석을 통한 춤언어와 표현기법 구축

〈새다림〉, 춤어법을 찾다

1984년 임학선무용단을 창단하였다. 10여 년간의 초창기 창무회 활동이 한국 창작춤의 태동기였다면, 임학선무용단의 활동은 나의 개성을 찾는 독자적인 춤 구축 시기로서 춤언어와 표현기법을 창출하는 것으로 이어졌다.

무속굿을 소재로 한 초기의 안무는 작품 〈새다림〉(1983)에 이어 〈불림소리〉(1984), 〈지혼〉(1985), 〈인다리〉(1985), 〈산 자를 위한 방황〉(1986)이었고, 후에 발표된 〈천도〉(1995)와 〈붉은 부적〉(2000) 역시 무속 소재의 작품이다. 내 자신의 첫 독무로 안무된 〈새다림〉은 제1회 한일 교류 창작무용제 출품작이고, 〈인다리〉는 제7회 대한민국무용제 참가작으로 나의 대표작이라고 할 수 있다. 무속을 소재로 했던 이 두 작품은 나에게 특별한 의미를 지닌다. 나의 춤어법과 표현기법을 찾을 수 있었기 때문이다. 그것은 전통의 재해석을 통해 이를 창의적으로 활용한 결과였다. 이를 두고 김영태(1936~2007)는 「임학선론 : 현대예술로서의 한국춤 좌표 자리매김」에서 "창작춤 초창기 모토가 된 전통재해석 작업의 전형으로서 설명될 만하다"(춤저널 2000. 12)라고 하였고, 성기숙은 "굿에 기초한 창작춤의 고전을 남겼다는 점에서 〈새다림〉은 그러한 작업이 원초적 전형으로 의미가 깊다"(몸 1998. 7)라고 하였다.

'새다림'이란 제주도 무속에서 굿터를 깨끗이 하는 부정풀이의 의미이다. 굿 의식의 부정풀이를 나 자신의 부정풀이 춤으로 재창조한 작품이 〈새다림〉이다. 내 자신을 다스리고자 했던 이 춤은 당시 복잡했던 주변 상황과 내 심경의 흐름을 반영한 작품으로, 이제 와 생각하니 〈새다림〉은 '수신修身'의 의미를 지니는 춤이었다.

극히 우연한 일이겠지만 좋은 일이 있거나 답답한 일이 있을 때면 나는 언제나 〈새다림〉을 추고 있거나 추고 싶다는 생각이 들었다. 신들린 무당처럼 이 춤을 추고 나면 속이 후련해지고 몸과 마음이 가벼워지고 깨끗해졌다.

초연에서 김영태는 "마음의 얼을 침묵 속에 엮는다. 그 엮음은 마치 망망대해에 지는 빛살 같다"(춤 1983. 12)고 하였고, 「임학선론」에서는 "임학선은 이 독무에서 새벽에 내린 서리 같은 걸 보여주었다. 막막한 곳에서 다가오는 빛의 열림은 그 서리를 밟을 때 발목이 젖었다"(춤저널 2000. 12)라고 하였다.

버려야 할 것은 마음뿐이리
사랑도 버리고 그리움도 버려라
꽃도 향기마저 조각조각 버리더라
먼지 하나 한숨 하나 눈웃음 하나
남겨둘 것이 어찌하여 그림자뿐이리
핏줄 속엔 눈물이 돌돌 구르고
마음 속엔 우주 끝에 바람 부는데
후여후여, 그리하여 내 마음까지도
후여후여, 그리하여 내 나이까지도
후여후여, 그리하여 마침내 후여!

– 1983년 초연 프로그램

〈새다림〉에서의 나의 춤어법은 척추의 움직임을 극대화하는 것이었다. 그것

〈새다림〉 호암아트홀 1996

은 들숨·날숨·멈춤의 호흡 변화(리듬호흡)에 따라 척추의 움직임을 직선과 곡선과 원으로 사용하는 것이다. 아주 작은 점으로부터 시작되는 직선적인 동작의 '필체'로부터 곡선적인 동작의 '학체' 그리고 원형적인 동작의 '궁체'로 이어지면서 하나의 춤사위로 완성을 이루게 되는 동작구조이다. 이 같은 원리는 1998년 〈태극구조기본춤〉으로 개념화하는 것으로 이어지게 된다.

직선에서 곡선과 원형으로 이어지는 척추의 곡선적인 춤동작은 30년 전으로선 파격에 가까운 것이었다. 성기숙은 "〈새다림〉에서 마지막 신기를 불태우며 혼을 불사르듯 춤추는 장면은 엑스터시에 다다른 무당의 부활이 아닌가 싶을 정도로 강한 인상을 남겼다"(몸 1998. 7)라고 나의 춤어법에 대해 언급하였다. 김영태가 "신들린 무당이라기보다 차가운 냉수였다"(춤 1999. 1)라고 썼듯이 나는 마치 신들린 무당이 몰입에 빠져드는 것처럼 집중하여 춤을 추었던 것이다.

〈새다림〉에서 보여준 나의 춤어법은 〈우리, 둘〉, 〈민들레 왕국〉, 〈마음꽃〉 등으로 이어졌고, 새롭게 고안된 〈태극구조기본춤〉으로 귀결되는 기반이 되었다. 안무 활동 20주년 기념공연으로 〈태극구조기본춤〉을 올렸을 때, 김영태는 15년 전 〈새다림〉을 춤추었던 나의 모습을 떠올리며 "태극구조의 틀 속에 몸을 던졌던 15년 전 임학선의 춤태"(춤 1999. 1)라고 썼다. 1994년 중국 공연을 갔을 때 그곳의 평론가이자 중국 신천 세계의 창 예술감독인 우해연于海燕은 "학걸음 버들손이 우정을 전하다"라는 글을 나에게 주었다. 그 글에서 "〈우리, 둘〉, 〈민들레 왕국〉 등은 모두 학걸음 버들손의 규범을 따랐다. 즉 소위 '학체'이다. (중략) 기본훈련에서부터 무대 공연까지 어떠한 유형의 무용을 막론하고 또 한 가지 예술규범, 즉 '필체'를 존중하고 있는 것을 알 수 있다"라고 하였다. 그는 내가 태극구조의 기본춤을 만들기도 전에 이미 나에게서 필체와 학체의 춤어법을 읽어낸 것이다.

〈인다리〉, 상징적 표현기법을 찾다

무속인들 사이에는 오래전부터 구전으로 전해지는 '인다리'라는 말이 있다. '인다리를 놓는다'는 말로도 표현되는데 그것은 죽음의 다리를 놓는다는 의미로 인교人橋, 즉 생명의 다리(Life Bridge)를 뜻한다. 신내림을 받는 과정에서 생기게 된 이 말은 무당이 되어야 할 운명에 처해 있는 사람이 이를 거부하면 신령이 다른 생명을 희생시켜서라도 무당을 점지한다는 의미이다. 작품 〈인다리〉는 이와 같은 무속의 신내림 현상을 소재로 창작된 작품이다.

분이는

念의 몸짓으로

제 몸을 묶는다.

열두 매듭으로

엎드린 무리들의 등을 밟고

앞으로 나아가며 매듭을 묶는다.

매듭을 거듭하여 열두 차례

因緣은 어찌할 수 없는 것

이 몸이 죽어

인다리가 될지리라.

제 스스로

열두 매듭을 다 묶고

떨어져 내려 쓰러진

분이의 죽음

무리들은

한컷 웅크렸던 몸을 풀고

死境에서 해방된다.

– 1985년 초연 프로그램

춤의 구성은 제1장 평화로운 마을, 제2장 신비체험의 꿈, 제3장 인연맞이, 제4장 인다리, 제5장 새 생명이다. 작품의 클라이맥스는 제4장 인다리를 놓는 장면으로 설정하였으며 군무의 특징을 살려 상징적 이미지의 표현기법을 연출하고자 하였다. 주인공 분이가 자신의 처지를 춤추는 동안 무용수들은 몸을 웅크린 채 무대 바닥을 구르고 굴러서 차곡차곡 쌓여가며 죽음의 다리를 놓아간다. 그러나 분이는 무당 되기를 거부하며 손에 쥐고 있던 방울을 공중으로 던져버리지만 다시 자신의 몸으로 떨어진다. 피할 수 없음을 감지한 분이는 결국 죽음을 상징하는 긴 새끼줄을 양손에 들고 자신의 몸에 열두 매듭을 스스로 묶어가며 죽음의 다리를 건너간다. 죽음의 다리가 되어 죽어가던 사람들은 다시 새 생명을 찾는다. 주인공의 희생정신과 아름다운 마음은 관객들에게 깊은 여운으로 남겨졌다. 죽음의 다리 장면은 무용수들의 인체가 서로 쌓이고 쌓여서 입체적인 조형성을 부각시키는 상징적 표현기법을 창출하여 관심을 모았다.

임학선 안무의 특징으로 구축된 이 같은 표현기법에 대해 평론가 박용구는 "우리춤의 상투적인 무용언어를 차원 높은 조형감각으로 피하면서 모순의 고발이나 신비체험보다는 정서적 감정에 호소하려고 한다"(춤 1985. 11)라고 하였다. 홍콩 아시아예술제 예술감독이자 평론가인 톰 보레이크(Tom Boreak)는 「한국 모던 댄스의 개척자들」이란 글에서 "표현방법에 있어서, 그들은 극소 표현의 최대 효과(minimalist maxim)의 좋은 예가 되었다. (중략) 임학선이 신비한 힘의 상징적 새끼줄을 쥐었을 때 우리는 마사 그레이엄이 특히 그녀의 작품에서 그리스 신화에 기초하고 있는 상징을 사용하게 됨을 상기하게 된다. 〈인다리〉는 수많은 신화와 미신의 근원들이, 현대성을 소홀히 하고 적당히 넘어갔던 인간의 근본적인 욕구를 탐구하기 위한 수용력을 여전히 지니고 있음을 보여주었다"(Hong Kong Standard 1990. 10. 31)라고 평하였다. 같은 공연에서 평론가 격자格子는 "이번 무용에서 뛰어난 점은 형상의 조형성을 들 수 있는데, 특히 '생명의 다리'를 통해 안무자는 그것을 유감없이 발휘하고 있다. (중략) 무용의 상징성에서 볼 때 안무자는 상당히 성공을 거두었다"(Ta Kung Pa 1990. 11. 1)라고 호평하였다.

〈인다리〉 문예회관 대극장 1985

작품 〈새다림〉에서 춤어법을 찾았다면, 〈인다리〉에서는 조형적이면서도 시적인 이미지를 드러내는 독자적인 표현기법을 찾았다고 할 수 있다. 이 같은 안무 스타일은 이후 〈우리, 둘〉(1986), 〈날개옷〉(1987), 〈달바래기〉(1987), 〈민들레 왕국〉(1989), 〈흰 새의 검은 노래〉(1991), 〈나무비〉(1992), 〈마음꽃〉(1992), 〈비무장지대에 서서…〉(1995) 등으로 이어지며 나의 안무 스타일을 확고히 하게 되었다.

〈우리, 둘〉, 한국창작춤 소재를 확대하다

〈우리, 둘〉 문예회관 대극장 1986

작품 〈우리, 둘〉은 무속적 소재를 벗어나 변신을 시도한 첫 번째 작품이다. 동생 임현선과의 자매 이야기를 표현하였던 이 작품은 원로 평론가 박용구(1914~2016) 선생님의 권유로 시도된 것이다.

한국춤의 소재를 일상에서 찾고 자매로서 느껴지는 감정들을 꾸밈없이 편안하게 표현하고자 하였다. 이것이 한국춤의 표현기법을 묘하게 무너뜨리는 결과로 이어졌다. 이와 관련하여 김채현은 "소재를 일상생활에서 찾음으로써 한국춤의 새 활로를 열어주었다"(동아일보 1986. 12. 22), 이상일은 "혈연의 정으로 호흡을 맞춘 둘이 하나 같은 조화의 춤판이었다"(월간조선 1987. 1) 그리고 김영태는 "일체 과장이나 허세가 없어 보였다"(춤 1987. 2)라고 각각 평하였다. 이후 춤의 소재를 광범위하게 다루면서 내 나름의 표현기법을 구축하고자 하였다. 이 같은 과정에서 무엇보다도 중요시했던 것은 한국적 정서를 잃지 않으려 했던 점이다. 이 시기 나는 타 장르의 예술가들이 추구하는 예술 지향점을 유심히 살펴보았다. 그들은 자신만의 철학과 기법을 가지고 끊임없이 변화를 추구하면서 그림을 그리고, 옷을 만들고, 가방을 만들고 있었다. 그들의 역사와 전통이 그들만의 창조적 에너지가 되어 독창성으로 이어지고 있음을 보면서, 전통에 기반한 창작 활동을 하고자 했던 나의 방법에 확신을 갖게 되었다.

〈인다리〉에서 조형성이 부각되는 시적 이미지를 추구하였던 표현기법은 일상적이고 시사성이 강한 소재를 다룬 〈우리, 둘〉, 〈민들레 왕국〉, 〈흰 새의 검은 노래〉, 〈마음꽃〉, 〈나무비〉, 〈비무장지대에 서서…〉 등으로 이어지면서 나의 안무 스타일로 구축되었다. 김태원은 〈민들레 왕국〉의 초입부에 새싹이 돋아나는 장면을 보고 "신비스러울 뿐만 아니라 최면적이기까지 하다"(객석 1989. 6)라고 하였고, 홍콩의 다릴 라이스는 "절제에 있어서 최상의 모범이다"(홍콩 차이나모닝포스트 1990. 11. 1)라고 하였다. 홍콩의 격자 또한 "무도원의 손놀림을 통해 민들레의 강인한 생명력을 보여주고 있다"(Ta Kung Pa 1990. 11. 1)고 하였고, 당녕唐寧은 "〈민들레 왕국〉이 표현하고 있는 생명력은 칠전팔기의 정신에 있다기보다는 전반에 보이는 연기자들의 완벽하리만큼 치밀한 묵계默契와 단절 없이 연출해낸 중복 동작에 있었던 것 같다"(New Evening Post 1990. 11. 18)고 하였으며, 민속학자 이두현(1924~2013)도 "따뜻한 눈길의 묵시默示"(무용한국 1991. 5)라고 표현했다.

한편, 걸프전을 소재로 하였던 〈흰 새의 검은노래〉에서 김태원은 "창작춤 고

〈민들레 왕국〉 문예회관 대극장 1998

유의 현실 반영적 주제를 다루면서 비교적 명쾌한 춤이미지와 동작으로 공연을 끌어간 임학선 안무의 〈흰 새의 검은노래〉는 수작이었다"(객석 1991. 6)라고 하였다. 그리고 일제시대 한국 위안부 여인의 강한 집념과 의지를 무언의 항쟁으로 표현한 〈나무비〉에 대해 김태원은 "마사 그레이엄의 현대춤 못지않은 강인한 안무력"(춤 1992. 5)을 지녔다는 글을 남겼다.

〈흰 새의 검은노래〉 국립극장 대극장 1991

〈나무비〉 호암아트홀 1992

지혜와 인내로 모진 고통을 이겨내는 한국의 어머니를 표상한 작품 〈마음꽃〉에 대해 이상일은 "세련되고 아름다운 작품이었으며 검은 의상에 들어올린 흰 발들의 군무가 만든 이미지는 창조적이었다"(문화일보 1992. 11. 16), 문애령은 "한국 전통의 틀을 고수하면서 새로운 기교를 시도한 〈마음꽃〉에서 환난을 감지케 하는 천의 회전과 군무진의 움직임… (중략) 이러한 움직임에 대한 연구는 모든 안무가가 염두에 두어야 할 좋은 본보기였다"(무용예술 1991. 12)라고 각각 평하였다.

〈마음꽃〉 '무용수가 들어올린 발(바늘)에 꽂힌 어머니의 모습'
문예회관 대극장 1998

3. 명무 한성준의 춤구조 분석을 통한 한국춤의 기본체계 정립

〈태극구조기본춤〉, 새로운 기본춤을 고안하다

〈태극구조기본춤〉은 박사학위 논문 「명무 한성준의 춤구조 연구」를 통해 얻어진 이론적 근거를 토대로 고안한 창작 기본춤이다. 나는 한국춤의 기본틀(本)을 찾아보고자 한성준 춤의 원리와 구조를 연구하였다. 전통춤을 배우면서 선생님들께 항상 들었던 말이 "호흡 해야지" 또는 "우리춤은 음양의 춤이야"였고, 내가 학생들에게 춤을 가르칠 때도 호흡이 중요함을 강조하였다. 춤을 추고 가르치려면 우선 호흡에 대한 객관적인 이해가 필요했다.

나는 한국춤의 호흡을 연구하기 위해 1997년 '호흡표기법'을 고안하였다. 호흡표기법은 부호를 사용하여 들숨, 날숨, 멈춤의 호흡을 표기하는 것으로 이것은 호흡의 크기(공간), 호흡의 길이(시간), 호흡의 세기(힘)에 대한 표기가 가능할 뿐만 아니라 춤동작을 행할 때 요구되는 호흡의 변화, 즉 리듬호흡에 대한 객관적인 이해가 가능하다.

나는 호흡표기법을 응용하여 한성준 춤의 '춤사위·춤기법·동작선·호흡'의 유기적인 관계를 분석하였다. 그 결과 '필체·학체·궁체'의 춤사위구조, '맺음·어름·풀음'의 춤기법구조, '점·선·원'의 동작선구조, '들숨·날숨·멈춤'의 호흡구조로 형성되는 태극구조의 기본틀을 도출하였다. 〈태극구조기본춤〉은 이 같은 이론적 연구가 춤기본으로 실제화된 춤이라는 점에서 의미를 갖는다.

1998년 작가 데뷔 20주년 기념공연에 〈태극구조기본춤〉을 무대에 올렸다.

〈태극구조기본춤〉 문예회관 대극장 1998

이상일은 「무용기본법의 당위성과 임학선 춤의 태극구조」라는 글에서 기본춤은 작품이 아니라 무용예술 작품을 만들어내기 위한 바탕이 되어야 함을 다음과 같이 지적하였다. "무용의 교본은 원리의 제시이다. 그런 점에서 무용의 기본기법은 무용언어와 무용문법을 적어놓은 과학이며 따라서 그것은 철저히 객관적이지 않을 수 없다. 그 객관성은 무용언어와 무용문법에 대한 조직화이며 체계화이다. (중략) 대체로 다른 무용기법들이 몸 만들기를 전제로 하는 데 비해 임학선 무용의 기본틀은 균형감각, 호흡감각, 신체적 유연성과 근육 강화, 긴장과 이완 및 상승과 낙하의 조절을 위하여 다양한 한국 무용기법을 12단계로 묶고 그 12단계 하나하나마다 필체·학체·궁체의 춤사위 유형으로 순환시켜 36가지 춤동작을 전개시켜낸다. 그렇게 되면 연관성 있는 동작을 하나로 묶어서 정적인 동작과 동적인 동작이 적절하게 결합되어 연속적인 움직임이 가능해져서 무용언어의 문법이 이루어지고 그 문법에 따라 무용언어가 문장이 되어 시가 되고 드라마가 될 수 있는 것이다".

그는 〈태극구조기본춤〉이 무용교육의 중요한 방법론이 될 수 있으며 창작을 위한 기본 메소드로 가치가 있음을 눈여겨보았던 것이다.

4. 문묘일무 연구를 통한 춤철학 확립

문묘일무, 콘텐츠 개발로 이어지다

문묘일무文廟佾舞는 유교 제례무로 공자(기원전 551년~기원전 479년)를 제사할 때 추는 춤이다. 문무文舞와 무무武舞 두 종류의 춤이 전해지는데 문무는 양손에 약적(籥翟 : 피리·꿩깃)을 들고, 무무는 간척(干戚 : 방패·도끼)을 들고 춤을 춘다. 고대 중국에서 유래된 이 춤은 고려 예종 11년(1116) 한국으로 유입되었으며, 문묘 성균관에서 매년 봄과 가을 석전대제釋奠大祭(국가무형문화재 제85호)를 거행할 때 이 춤을 추고 있다.

유교의 예악사상이 담겨져 있는 문묘일무 콘텐츠 개발 프로젝트는 첫째 석전대제의 문묘일무 콘텐츠 개발의 지속화를 통한 한국춤 발전 도모, 둘째 무용·유학의 융복합적 구성을 통해 한국창작춤의 새로운 장르 개척, 셋째 한국춤의 브랜드 가치 창출 및 세계 무대 진출 소스 구축의 목적 아래 두 가지 측면에서 접근되었다. 2004년 초연된 〈위대한 스승 공자〉는 문무를 콘텐츠화한 작품이고, 2015년 〈영웅 이순신〉은 무무를 콘텐츠화한 작품이다.

공자가 인간사랑仁을 '예악(禮樂 : 예를 악으로 완성하다)'으로 실천했다면,

이순신은 인간사랑仁의 구현을 위해 '신독(愼獨 : 홀로 신중히 하다)'을 실천한 위인으로 대표된다. 〈위대한 스승 공자〉는 성인 공자가 아니라 인간 공자를, 〈영웅 이순신〉 또한 전쟁의 이미지보다는 나라와 백성에 대한 그의 사랑, 그리고 그가 백성들과 더불어 함께하고자 했던 진정한 사랑의 의미와 가치를 되새겨보고자 하였다. 문文과 무武의 축을 이루는 동양의 두 위인 공자와 이순신을 주제로 한 무용작품의 완성은 문무와 무무가 짝을 이루는 대작이라는 점이 특징이다. 이는 한국춤의 정신적 가치를 되찾고 나아가 우리 민족의 저력과 우수성 그리고 자긍심을 키워주는 일이라 생각하였다. 이러한 정신적 측면의 가치 회복은 한국춤의 세계화에도 크게 기여할 수 있을 것이므로 그 의의가 매우 크다고 보았다.

작품 〈위대한 스승 공자〉와 〈영웅 이순신〉은 먼저 문묘일무를 작품 형식으로 차용하여 안무의 큰 틀을 세우고, 역사적 사실에 입각한 극적 스토리를 생략과 압축으로 전개하면서 '미니멀리스트 맥심(minimalist maxim)'의 안무기법으로 승부하고자 하였다. 그것은 문묘일무 연구를 통한 작품의 인문학적 기반 하에 미학적 관점으로 접근되는 은유와 상징의 서정적 안무, 한국적 심성으로 다가가는 창작음악, 죽간과 거북선을 상징화한 시각적 무대, 전통을 재해석한 현대적 의상 등이 융합되어 눈길을 끌었다.

〈위대한 스승 공자〉, 문무를 콘텐츠화하다

인류의 영원한 스승으로 불리는 공자를 주제로 한 작품 〈위대한 스승 공자〉는 〈고구려의 혼〉(1994)과 〈밝산〉(2000)에 이어 고대사를 다룬 대형작품이다. 서울예술단 무용감독 재직 시 안무한 〈고구려의 혼〉은 고구려 벽화의 무용총을 배경으로 한 작품이며, 〈밝산〉은 서울시무용단 단장 재직 시 안무한 작품으로 국보 제287호 백제 금동용봉 봉래산향로를 소재로 한 것이다.

〈위대한 스승 공자〉는 처음부터 국제 무대를 목적으로 구상한 작품이다. 공자가 세계적인 인물이고 세계화의 무대가 거대한 중국이 될 수 있을 것이라는 생각을 했다. 성인 공자를 무용작품으로 올린다고 했을 때 많은 사람들이 의아해했지만 오히려 호재가 될 수 있다는 생각이었다.

작품 구상 중이던 2003년 공자의 고향 중국 곡부에서 매년 개최되는 국제공자문화절에 초청되어 공묘대성전孔廟大成殿에서 제2장 공자의 '학문(죽간춤)'을 먼저 올렸고, 그다음 해인 2004년 전막을 완성하여 서울 예술의전당 오페라극장에서 막을 올렸다. 이후 중국, 프랑스, 독일, 대만 등의 국제 무대 초청공연으로 이어졌다.

〈위대한 스승 공자〉 서울예술의전당 오페라극장 2004

〈위대한 스승 공자〉
예술의전당 오페라극장 2004

공자를 작품 소재로 선택하게 된 것은 600여 년의 역사를 지닌 성균관대학에 재직하게 된 환경적 요인이 가장 컸다. 성균관 석전대제를 통해 공자에게 제사하는 일무를 가까이에서 접할 수 있었던 것이 계기가 되었다. 공자와 그를 제사하는 춤이 있다는 것은 나의 창작욕구를 자극하기에 충분했다. 하지만 막상 작품을 구상하려 하니 공자에 대해 아는 것이 없어 접근이 쉽지 않았다. 공자를 알기 위해 먼저『논어』를 읽었다.『논어』의 팔일八佾 편에 언급되고 있는 일무가 고대 중국 주나라로부터 유래된 춤이며, 그 춤이 성균관에서 추는 일무와 연관된다는 사실에 놀라지 않을 수 없었다. 일무의 자료를 찾고 그것을 연구하게 되면서 어렵게만 느껴졌던 공자와 그의 사상이 담긴 일무에 대해 조금씩 알아가는 재미를 더해가게 되었다. 유학과 무용을 융합하는 새로운 시도를 처음 하게 된 것이다.

일무와 관련된 자료를 찾던 중 모두 소실된 것으로 알려졌던 일무의 춤사위를 그림으로 그린 한·중 무보舞譜 18종을 수집하게 되었다. 무보에서 확인되는 춤사위들은 모두 처음 보는 동작들로 얼핏 보기에도 매우 엄숙하면서도 의식적이라는 생각이 들었다. 무보의 춤사위 분석 연구를 통해 문묘일무를 원형으로 복원하였고, 춤사위에 담겨진 의미와 상징, 사상과 철학적 배경 등을 두루 파악할 수 있었던 기쁨은 지금도 생생하게 기억된다. 이 같은 연구 결과는 문묘일무의 제의 형식을〈위대한 스승 공자〉의 작품 형식으로 차용하는 것으로 이어졌다. 이렇듯 문묘일무는 작품을 안무하는 과정에서 관심을 갖게 된 것이지만 나의 주요 연구 분야가 되었고 나 자신의 춤철학을 확고히 하는 계기로 이어졌다.

작품을 구상함에 있어서 공자의 삶을 책이나 머리로 이해하는 것만으로는 아이디어의 한계가 따랐다. 그래서 나는 단원들과 함께 공자의 고향인 곡부를 여러 차례 답사하였다. 공자의 혼이 깃들어 있는 공묘대성전에서부터 공자의 무덤, 공자가 살던 집, 공자가 제자들과 함께 글을 읽던 곳, 공자가 태어난 곳 등을 둘러보며 공자의 숨결을 느껴보고자 하였다. 현지에서 공자시대의 서책인 죽간竹簡과 전통 소품들 그리고 공자를 찾는 수많은 여행객들을 보았다. 신기하게도 책이나 머리로는 느껴지지 않던 것들이 큰 감응으로 다가왔다. 곡부에서 목격하고 느껴졌던 공자의 숨결과 흔적들이 모두 작품으로 담기게 되는 즐거움을 만끽할 수 있었다.

제1장 '니구산 언덕'은 공자가 탄생한 곳이다. 니구산에서 느껴졌던 첫 인상 그대로가 작품의 첫 장면이 되었다. 공자는 벌거숭이 돌산 아래 아주 작은 동굴에서 태어났다. 그 동굴 주변으로 물이 흐르고 있는데 그 물은 수천 년 동안 쉼 없이 흘러온 물이다. 그래서였을까? 뜨거운 열기로 느껴졌다. 황폐한 돌산을 끼고 흐르는 물은 성인의 탄생을 간절히 바라는 혼탁했던 그 당시 사람들의 마음이 되어 흐르는 것으로 다가왔다. 무용수들이 산이 되고 물이 되어 흐르고 또 흘러가며 니구산으로 표현되는 무대에서 공자가 이 시대에 다시 탄생하였다.

제2장 공자의 '학문'은 죽간춤으로 상징하였다. 죽간은 대나무로 만든 책으로 곡부 여행에서 얻은 도구이다. 죽간을 펴고 접는 순간 울려 퍼지는 맑고 청량한 소리는 마치 공자가 제자들과 함께 글을 읽는 소리로 들려왔다. 그 느낌 그대로가 무대로 옮겨졌다. 무용수들이 죽간을 펴고 접으며 무대 바닥을 내려치는 몸짓과 소리가 하나로 어우러지는 모습에 많은 사람들이 신기해했다. 한편 공자의 마음으로 상징된 '거문고춤'은 무용수들이 거문고의 줄이 되고 아름다운 선율이 되어 우리의 결으로 다가와 흐르도록 하였다.

제3장 공자의 '고난'은 온갖 수난을 당하는 역경과 위기에도 글 읽기를 멈추지

않았던 공자의 모습으로 표현하였다. 공자의 엄한 가르침과 그것을 배우고자 했던 제자가 열정적으로 학문의 논쟁을 펼치며 주고받는 마음을 표현한 것은 바로 문묘일무의 핵심사상인 수수지례授受之禮를 작품의 내용으로 응용한 것이다.

제4장 '그리움'은 공자를 그리는 사람들의 마음을 나타낸 것이다. 그것은 곡부를 찾는 수많은 여행객들의 모습에서 그를 그리워하는 사람들의 마음을 엿볼 수 있었던 것에서 착안하였다. 솟대의 춤으로 상징된 그리움은 공자가 태어난 니구산 언덕으로 솟대를 든 무리들이 줄을 지어 끝없이 모여들며 행렬을 이루는 것으로 나타내었다.

제5장 '부활'은 꽃으로 환생하는 공자의 모습으로 상징하였다. 한 송이의 꽃에서 수없이 많은 꽃으로 피어나며 환희의 여운이 무대에 남겨지도록 하였다. 그가 영원히 사람들의 마음속에 살아 있음을 나타내고자 한 것이다. 그리고 작품 형식으로 차용된 문무는 모두 5장으로 구성된 작품의 각 장에서 그 장의 내용을 마무리하는 것으로 응용되었다. 제1장의 마무리는 공자의 탄생을 축하하는 '축복의 일무'로, 제2장에서는 가르침에 감사하는 '감사의 일무'로, 제3장에서는 공자의 고난을 위로하는 '위로의 일무'로, 제4장에서는 공자를 그리는 '그리움의 일무'로, 제5장에서는 공자의 부활을 꿈꾸는 '환희의 일무'로 각각 끝을 맺는다.

2004년 〈위대한 스승 공자〉 공연에서 이상일은 「짜임새 있는 안무 성현 행적 형상화」(헤럴드경제 2004. 6. 1), 「일무로 마감하는 제의적 서사 무용시」(몸 2004. 7), 김태원은 「새로운 신화성 모색과 '불구不具'의 이미지들」(공연과 리뷰 2004. 45호), 김영태는 「이 시대 공자의 제례」(?), 성기숙은 「인사상과 공자의 재발견」(춤 2004. 6)이라는 글을 각각 남겼다. 그리고 중국 절강공상대학의 조영광 교수는 2009

국제공자문화절 개막 초청공연 관람 후 '7언율시 4수'(댄스포럼 2009. 11)를 남겨주었다.

〈영웅 이순신〉, 무무를 콘텐츠화하다

이순신(1545~1598)은 병법에 뛰어난 조선시대 장수로 널리 알려져 있다. 그러나 그는 유학의 선비정신을 지닌, 문무文武를 모두 겸비한 인물로 애국愛國과 애민愛民 그리고 여민如民을 중히 여겼던 사람이다. 특히 부모에 대한 효심과 나라에 대한 충성심이 가득했다. 더욱이 그는 남다른 지혜와 탁월한 전략으로 국난 위기를 극복한 위인이기에 영원히 잊혀질 수 없는 인물로 기억되고 있다.

작품의 안무적 기반은 이순신의 생애와 유관한 것들에서 접근된다. '거북선'과 '난중일기', 승리를 알리는 '통영승전무'와 임진왜란 유래설을 지니고 있는 '강강술래', 그가 평생을 물 위에서 살았던 '바다'는 작품 속의 소재적 모티브가 된다. 그리고 방패와 도끼를 들고 춤추는 '무무'는 작품의 상징코드가 된다. 특히 2006년 공자제사인 석전釋奠에서 추는 문묘일무의 문무와 무무를 복원한 데 이어, 2007년 이순신의 제사인 둑제纛祭의 원형 복원(문화관광부 지원) 사업에 참여하여 이순신을 기리는 무무를 복원하였다. 이순신 장군에게 헌무로 올려지는 무무가 정동방곡靖東方曲에 맞추어 처음 무대에 올려졌다.

유물적 모티브인 거북선은 작품에서 장군으로서의 면모를 완성하는 시각적 장치가 되며, 사료적 모티브인 난중일기는 이순신의 고뇌를 엿보는 감성적 장치가 된다. 그리고 강강술래와 통영승전무는 그 유래와 춤에서 엿볼 수 있는 한국인의 심성과 놀이의 해학성을 통해 작품의 한국적 전통성을 유지시키는 탄탄한 기반이 된다. 특히 바다라는 자연의 모티브는 바다 위에서 일생을 보낸 이순신의 심상을 나타내는 코러스로서 작품 전체의 정서를 이미지화하는 주된 역할을 한다. 그리고 작품의 상징코드인 무무의 제의적 시각은 이순신을 바라보는 현대인의 화자話者로서의 관점을 갖는다. 이는 작품 〈위대한 스승 공자〉에서 보여주었던 문무의 제의 형식과 쌍을 이루어 안정적인 통일성을 갖는 안무 형식을 유지하게 된다.

작품 〈영웅 이순신〉은 세계적으로 추앙받는 이순신의 삶을 조명, 국가의 운명을 걸머진 무장의 고뇌와 선택 그리고 그에 따른 자기 극복의 신념을 통해 다원화된 현대사회가 요구하는 새로운 리더십과 인간상을 담아보고자 하였다. 무장이었던 그가 일군 불패의 승리 뒤에는 '평화'라는 진정한 의미가 담겨져 있다. 그것은 어려운 시대를 살아가는 이 시대의 많은 사람들에게 희망적인 메시지가 될 것이다. 또한 한국춤을 통해 이순신 생애의 과정을 상상해보고, 그 인물을 형상화하는 무용예술이 갖는 언어 이상의 기쁨을 발견할 수 있을 것이다. 인물과 상황에 초점을 둔 〈영웅 이순신〉은 은유와 상징으로 재해석한 독자적인 예술성을 통해 새로운 모습으로의 한국창작춤을 제시해보고자 하였다.

〈영웅 이순신〉은 모두 6장으로 구성된다. 제1장 '거북선'은 서막 형식의 춤이다. 이순신이 거북선의 용머리를 들어 올리고, 병사들이 대오를 갖추고, 출정을 알리는 내용으로 전개된다. 제2장 '기쁨의 순간'은 이순신의 거듭되는 승리와 어머니의 수연 잔치를 통해 이순신의 충효를 궁중춤 형식으로 나타내고자 하였다. 제3장 '백의종군'은 선조로부터 관직을 박탈당하고 어머니의 죽음을 빈상여로 맞이하는 이순신의 슬픔과 통곡을 나타내는 것으로, 이순신·어머니·선조·왜장의 4인무와 민초들의 군무로 표현하였다. 제4장 '난중일기'는 이순신을 흠모했던 의기 내산월과의 사랑, 왜장의 유린, 민초들의 단결을 강강술래로 각각 상징하였다. 제5장 '판옥선 12척'은 명량대첩에서의 울돌목의 긴장의 바다, 왜장과의 대결, 맨몸으로 펼치는 최후의 사투를 표현하였다. 제6장 '영웅 이순신!'은 방패와 도끼를 들고 춤추는 무무를 이순신에게 헌무로 올리는 것으로 하였다. 평화를 상징하는 무무가 수천 년의 역사를 넘어 이순신의 정신으로 꽃피우는 순간이다. 헌무로 추어진 무무는 36명이 춤추는 육일六佾의 형식으로 이순신에게 헌상하고 그는 미소로 화답한다.

이 같은 공연에 대해 예술평론가 임태승은 "〈위대한 스승 공자〉가 문무의 몫을 다했다면, 무무를 마저 아우른 〈영웅 이순신〉은 이 장엄한 춤의 역사에 대한 완결점이라 할 것이다. (중략) 전반적인 특징은 군무의 절제와 〈위대한 스승 공자〉보다 한층 두드러진 서사 내러티브이다. 70분 러닝타임 중 가장 인상적 장면을 꼽으라면, 몇 번에 걸쳐 나오는 여성 군무와 강강술래 및 마지막의 무무로서의 일무 장면을 들어야 할 것이다. 출정과 전투 등의 실황을 묘사한 남성 군무에 절제와 위력의 융합이 두드러졌다면, 여성 군무는 그것에 아리따움과 애처로움을 더함으로써 이른바 '강건아나剛健婀娜'의 미학적 경지를 구현하였다. 강건아나는 굳셈과 가냘픔 혹은 억셈과 부드러움이 대대待對적 융합을 통해 예술의 복합적 완성도를 최고조로 끌어올리는 미학 범주이다"(댄스포럼 2015. 10)라고 평하였다.

무용평론가 이만주는 "한국춤의 원리와 미학을 천착한 안무자가 이 작품을 위해 실로 많은 연구와 노력을 기울였음을 작품 곳곳에서 읽을 수 있었다. (중략) 안무자는 작품의 첫 부분에서 현대적인 무대 테크놀로지와 그녀의 연출력으로 거북선과 바다를 특유의 상징으로 처리한 것을 시작으로 작품 내내 우수한 상징과 은유를 사용하는 능력을 보였다"(춤 웹진 2015. 10)라고 하였으며, 장석용은 "이순신에 대한 진지한 성찰은 핏빛 서사로 엮은 수신의 경전이었다. (중략) 문무를 대표하는 〈위대한 스승 공자〉(2004)와 완벽한 균형을 이루는 무무 〈영웅 이순신〉(2015)의 창작 작업은 문묘일무를 연구해온 안무가로서의 당연한 도리이다. 방대한 분량을 축약한 대작 〈영웅 이순신〉은 나라 사랑에 불탔던 이순신, 춤사랑에 일생을 매진한 임학선 같은 자신의 작업에 헌신하는 모두에게 희망과 용기의 메시지가 되었다"(글로벌이코노믹 2015. 10)라는 글을 남겼다.

〈영웅 이순신〉 아르코예술극장 대극장 2015

문묘일무에서 춤철학을 찾다

문묘일무는 혼자가 아니라 둘씩 음양의 짝을 이루어서 춤추는 것이 특징으로 두 줄, 네 줄, 여섯 줄, 여덟 줄로 여러 명의 무원들이 줄을 지어서 춤추게 된다. 춤을 출 때는 앞으로 나아가고 뒤로 물러가는 진퇴를 행하면서 서로 마주보고 등지고, 좌로 돌고 우로 돌며, 무릎을 굽히고 펴면서 하늘을 우러르고 땅을 굽어보는 동작을 반복한다. 이때 양손에 든 무구를 하나로 합하고 둘로 나누며 춤을 추게 된다.

이 같은 문묘일무의 춤사위에는 공경과 사양과 겸양의 의미가 담겨 있다. 이는 모두 배려의 마음에서 비롯되는 것으로 예법에 따라 만든 것이다. 옛사람들은 공손한 태도와 공경한 마음을 지닐 수 있도록 어려서부터 일무를 배우고 익히도록 하였다. 결국 일무는 자기 자신을 갈고닦는 '수신修身'의 춤인 것이다. 그래서 일무를 각종 제사뿐만 아니라 인격 수양과 인재를 양성하는 교육목적으로 널리 사용하였던 것이다.

『논어』의 첫머리 학이學而 편에 "학이시습지 불역열호學而時習之 不亦悅好"라 하였다. 공자는 배우고 익히는 것을 어떻게 해야 하고, 그것을 어떤 마음으로 행해야 하는지를 말하였고, "흥어시 입어예 성어악興於詩 立於禮 成於樂"이라 하여 마음에서 흥기가 일어나고, 예禮로서 자신을 바로 세우고, 악樂으로 완성을 이룬다라는 뜻으로 예와 악의 관계를 명확히 하였다. 서로가 주고받는 수수지례로서 공경·사양·겸양의 미덕을 표현하는 것이 바로 문묘일무의 핵심이다.

나는 문묘일무를 연구하면서 나 자신의 춤철학을 확고히 하게 되었다. 2004년 무용 〈위대한 스승 공자〉를 올리면서 '임학선댄스위(임학선무용단)'로 단체명을 개명하였다. 임학선댄스위의 '위'에서 한글 '위'는 하늘을, 영어 'we'는 우리를, 한자

'爲'는 창조적 몸짓을 의미한다. 이 세 글자에 담긴 의미가 바로 무용단의 춤철학이 되었다.

〔위〕 위를 향해 올라가 하늘 닿으면

〔we〕 너와 나를 넘어서 우리는 하나

〔爲〕 하나 된 즐거움에 취한 몸놀림

나의 춤세계는 전통을 토대로 하는 창작 활동과 연구가 상호 피드백 되는 관계로 이어지면서 구축될 수 있었다. 무속을 소재로 한 첫 번째 독무인 〈새다림〉에서 춤어법을 찾고, 〈인다리〉에서 표현기법을 창출하게 됨에 따라 나의 안무 스타일을 확고히 할 수 있었다. 그 후 태극구조로 형성되는 한국춤의 구조 분석을 통해 비로소 기본체계인 〈태극구조기본춤〉을 고안할 수 있었으며, 문묘일무 연구까지 이르게 되어 모두가 하나 된 즐거움으로 춤추고자 하였던 나의 춤이 '수신'의 길이었음을 깨닫게 된 것이다. 그것은 역사적 맥락에서 우리춤을 이해함과 아울러 동시대적 맥락에서 나의 춤을 찾고 또 춤의 가치를 알게 된 것으로, 나의 춤 여정이 곧 수신의 과정이었음을 알게 된 것은 매우 의미 있는 일이었다.

돌이켜보면, 춤과 함께한 지난 50년의 시간은 춤을 열심히 배우고 익히며 내 것으로 만들기 위한 '학이시습지'였다. 그런 의미에서 본다면 나의 춤어법을 일으킨 〈새다림〉에서의 수신이 이제는 문묘일무의 연구로 이어지며 나의 안무세계를 심화시키고 있다. 한국창작춤을 처음 시도했던 젊은 시절에 '이 시대의 나의 춤'을 추고자 했다면, 지금은 보다 성숙된 마음으로 '많은 사람들과 더불어 함께'하기를 기대해본다.

나는 춤인생의 반을 작은 공간 두리춤터(1990년 개관)에서 펼쳤다. '두리'는 두 사람, 너와 나, 모두, 함께, 다 같이 등의 뜻이지만 결국 '하나'라는 의미이다. 임학선댄스위의 '위'가 바로 그 의미를 대신해준다. 두리의 공간이 세계 무대로 통하는 공간으로 거듭나길 소망하며 미래를 꿈꾸는 젊은 무용가들 또한 이 공간을 발판으로 꿈을 키워 세계 무대로 도약하길 기대해본다. 실험과 창작을 아울러 최근 신개념 장르로 확장하고 있는 융복합 작업에서 그 가능성을 기대해보는 것도 좋을 것 같다.

끝으로 한국춤의 미래와 무용 발전에 조금이라도 보탬이 되었으면 하는 바람으로 쉼 없이 호흡하며 날갯짓을 반복하게 되기를 철딱서니 없이 오늘도 꿈꾸어본다.

2. 안무 현장

안무스케치

안무스케치

고시래 1981

'고시래'는 음식을 먹기 전에 조금 떼어 '고수레' 하고 허공에 던지는 민간 신앙적 행위이다. 이것은 무속에서 유래된 것으로 고수레하는 그 행위 자체는 '귀신에게 빌어 재앙을 물리치기 위한 주술적 행위(불양祓禳)'로 굿이 끝난 후에 술과 음식을 들판에 뿌려 나누는 의식이다. 작품 〈고시래〉는 황금만능주의를 지향하는 현대인들의 모습을 다룬 작품이다.

무대장치 이미지

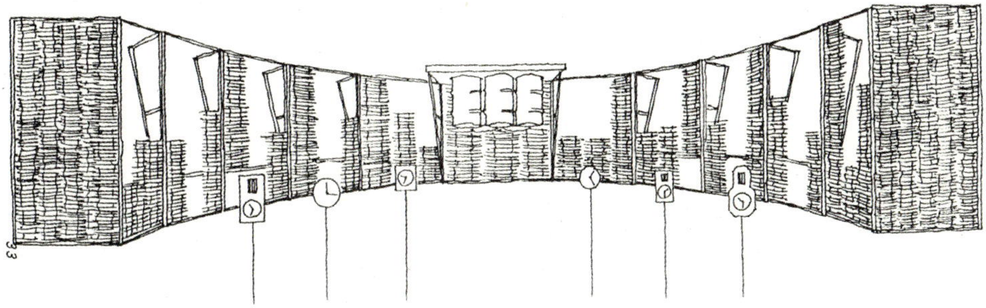

무대장치 디자인 (조영래)

무대장치 앞쪽에 위치한 무용수들 (문예회관 대극장 1981)

인다리 1985

'인다리'는 무속인들 사이에서 구전으로 전해지는 말로 '죽음의 다리'를 상징한다. 신내림을 받은 여인이 이를 받아들이지 못하고 죽음을 택함에 따라 많은 사람들을 구해낸다는 내용의 작품이다. 이 신내림 현상을 안무한 작품이 〈인다리〉이다.

춤대본

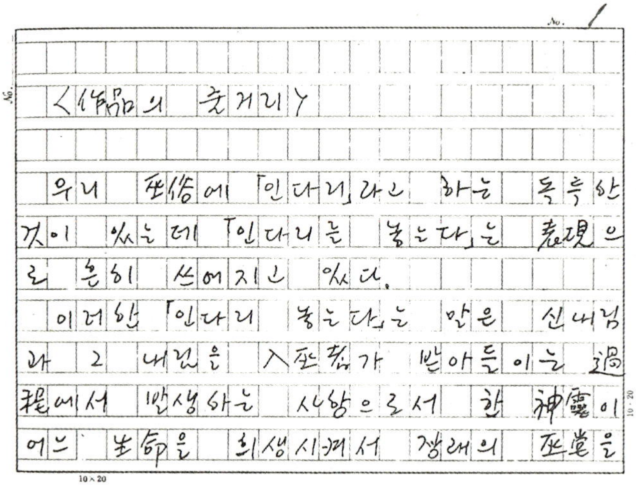

No. 1

〈作品의 줄거리〉

우리 巫俗에 「인다리」라고 하는 독특한 것이 있는데 「인다리는 놓는다」는 表現으로 흔히 쓰여지고 있다.

이러한 「인다리 놓는다」는 말은 신내림과 그 내림을 入巫者가 받아들이는 過程에서 발생하는 사항으로서 한 神靈이 어느 生命을 희생시켜서 장래의 巫堂을

10×20

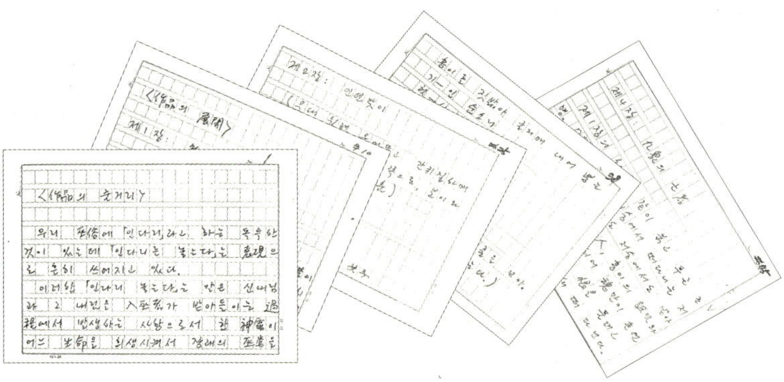

무대장치 이미지

〈인다리〉의 무대장치는 신내림이 내려지는 신단을 제작하여 하수 뒤쪽에 배치하였다. 신비스러움을 연출하기 위해 신단에 구멍을 뚫어 스모그가 나올 수 있도록 디자인하였다. 아래 사진은 신단 위에서 신내림을 거부하며 괴로워하는 주인공의 모습이다.

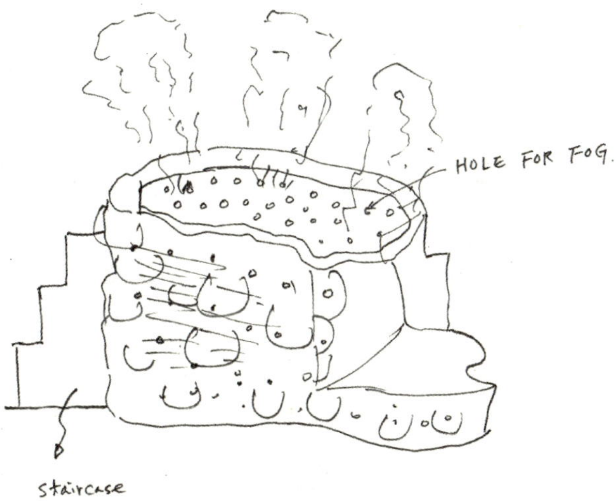

신내림을 괴로워하는 주인공 (문예회관 대극장 1985)

떠나는 배 1988

〈떠나는 배〉는 88서울올림픽 폐막식 작품이다. 잠실 주경기장 중앙에 에스(S)자 형태의 오작교를 설치하여 서울올림픽의 폐막을 아쉬워하며 떠나는 사람들의 마음을 표현하였다. 큰 기를 든 남성들의 깃발춤으로 떠나는 배의 돛을 상징하고, 물결을 상징하는 긴 장삼의 여성 춤으로 이별의 아쉬움을 나타냈다. 무용수들이 잠실 경기장의 타원형 트랙을 돌아서 오작교로 올라가면 이별의 아쉬움은 절정을 이루게 된다.

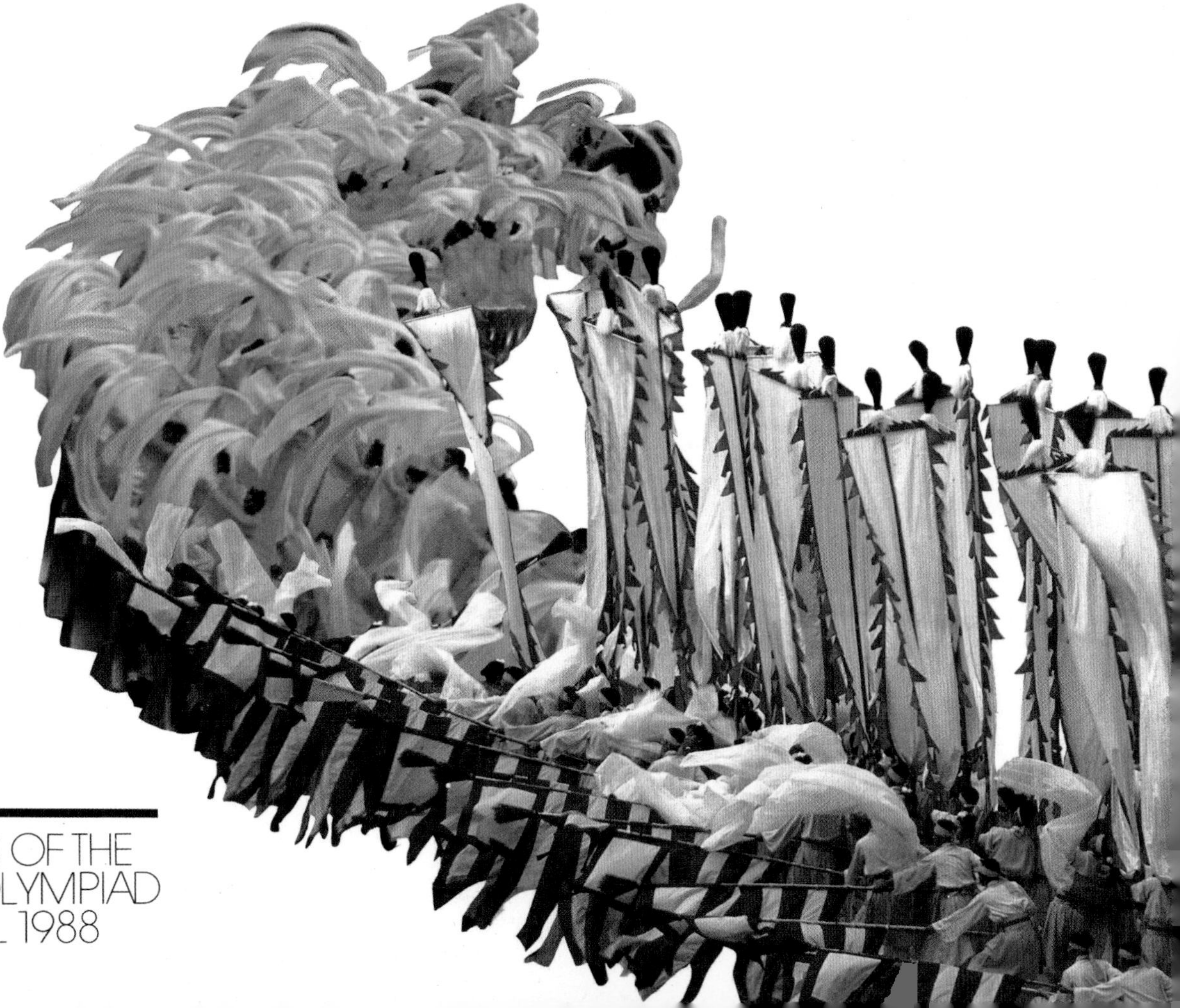

폐회식

GAMES OF THE
XXIVTH OLYMPIAD
SEOUL 1988

무대도면

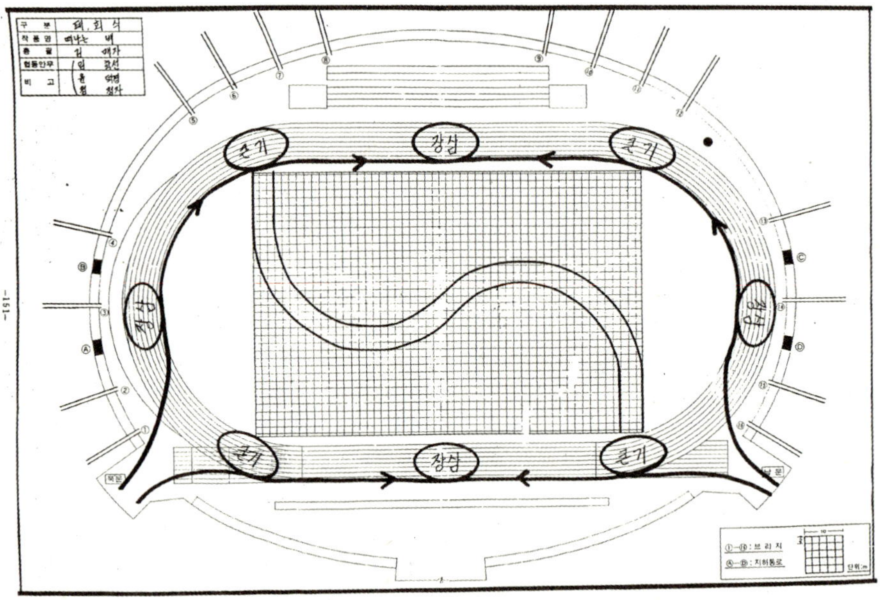

잠실 주경기장 도면

떠나는 배의 돛을 상징한 깃발춤과 물결춤 (잠실 주경기장 1988)

민들레 왕국 1989

한국무용제전 참가작 〈민들레 왕국〉은 '일·삶·춤'을 주제로 끈질긴 한민족의 민족성을 민들레에 비유한 작품이다.

무대공간 구성

새싹의 이미지

민들레의 새싹이 양분을 빨아올리고 바람에 나부끼며 떡잎으로 자라나는 것을 무용수들의 팔동작으로 표현하였다.

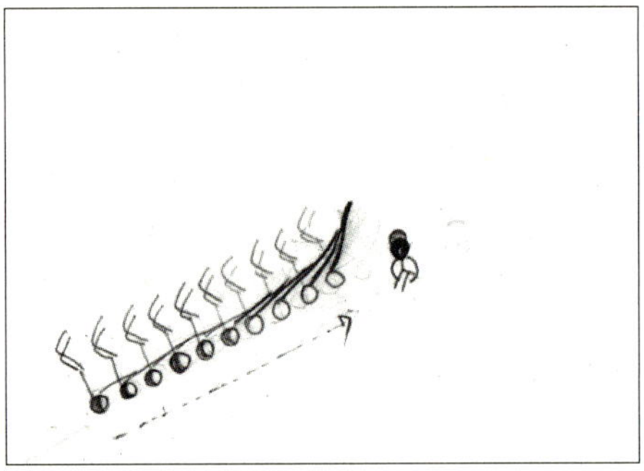

포클레인과 수난당하는 민들레의 이미지

포클레인을 상징하는 남성 무용수(5인)의 공격적인 동작과 수난당하는 민들레의 동작으로 대비시킨다.

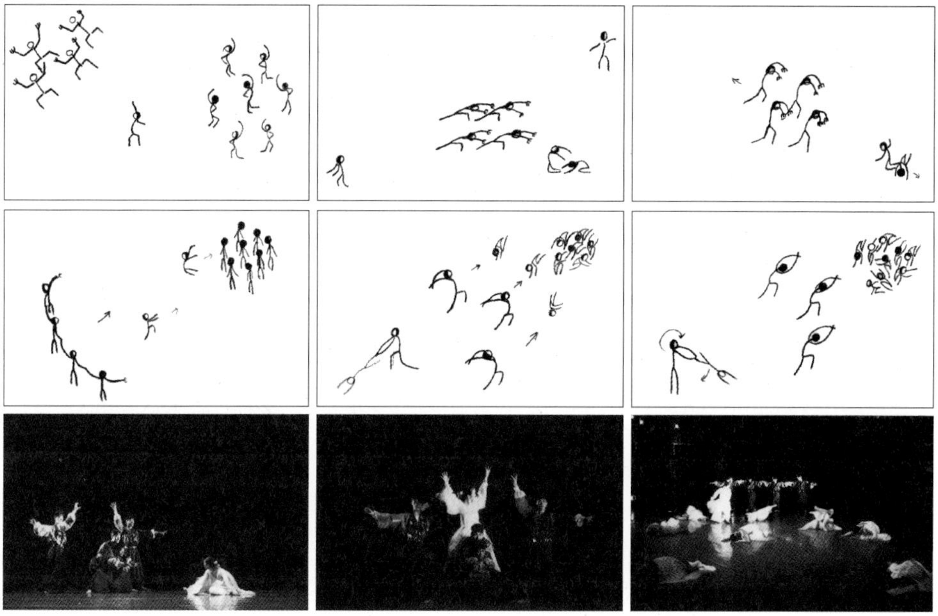

흰 새의 검은 노래 1991

한국무용제전 참가작 〈흰 새의 검은 노래〉는 걸프전을 소재로 한 작품이다. 인간의 이기심으로 인해 삶의 현장이 파괴되어 가는 것을 비판하는 작품이지만 바다와 흰 새의 이미지를 서정적으로 아름답게 표현하였다.

무대공간 구성

암벽 위의 흰 새와 거북이의 이미지

하수 뒤쪽 리프트를 6m 정도 들어 올린다. 그 위(암벽)에서 흰 새 한 마리가 바다를 내려다보며 날개짓하고, 상수 앞쪽에는 거북이가 목을 길게 빼고 춤을 추고 있다.

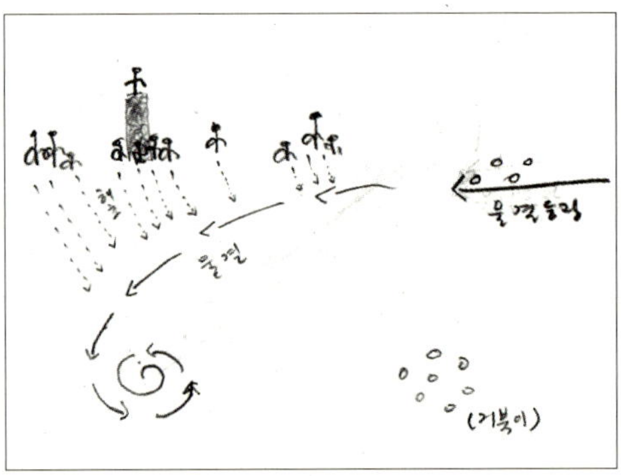

암벽 위의 흰 새와 바다거북이 (국립극장 대극장 1991)

바다에 떠 있는 검은 기름띠의 이미지

기름띠는 검은색과 흰색 천을 새끼 꼬듯 엮어서 무대 뒤쪽 바닥에 놓는다. 남성 무용수 2인이 긴 줄로 엮은 기름때의 양쪽 끝을 잡아당기면 기름띠가 무대 안쪽으로 위치하게 되고, 두 사람이 그것을 잡고 바닥에 내려치면 철썩거리는 파도의 요동치는 소리가 되어 바다의 아픔으로 표현된다.

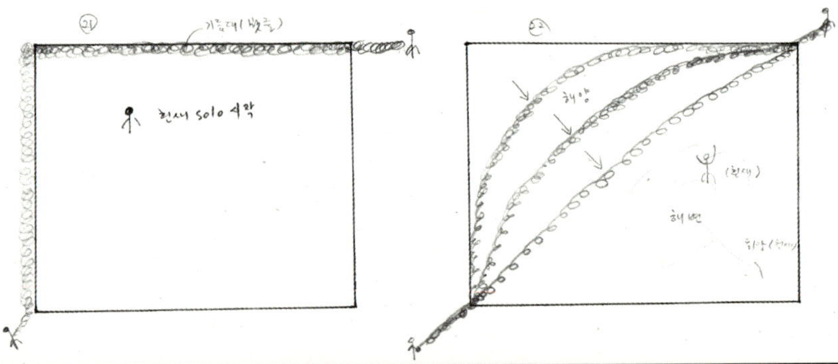

검은 기름띠가 출렁이는 죽음의 바다 (국립극장 대극장 1991)

죽음의 바다 이미지

새 떼와 수초들은 검은 기름을 뒤집어쓴 채 뒤엉켜 죽어간다.

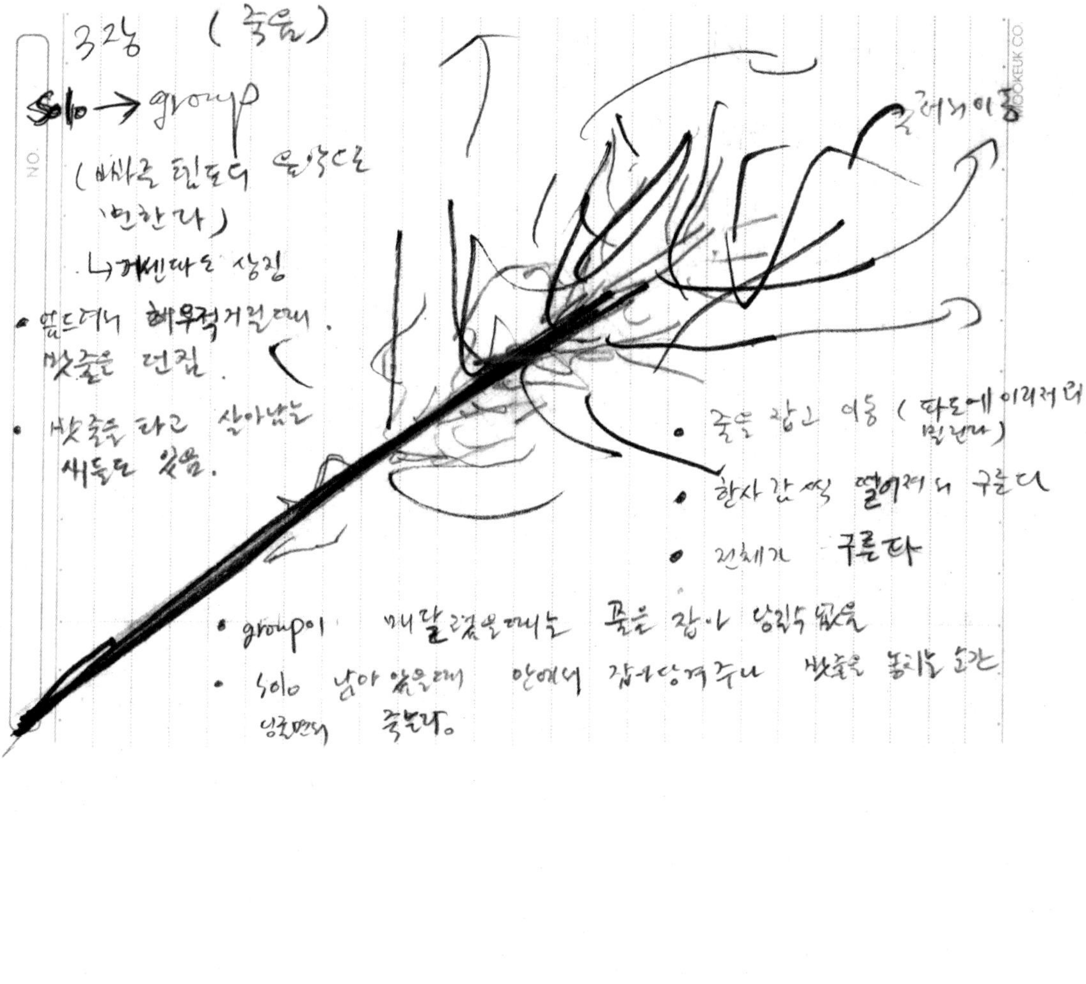

마음꽃 1992

〈마음꽃〉은 바느질을 통해 삶의 고통을 지혜롭게 이겨낸 한국 여인의 어머니상을 표현한 작품이다.

무대소품

베틀은 명주나 모시 등을 짜는 틀이고, 베틀의 '북'은 천을 짤 때 사용하는 도구이다. 실을 감은 실꾸리를 북에 넣어 고정시켜 베틀 사이를 왔다 갔다 하며 천을 짠다. 작품에서 베틀의 '북'은 주인공 순이의 삶을 상징하는 중요한 도구로 사용된다.

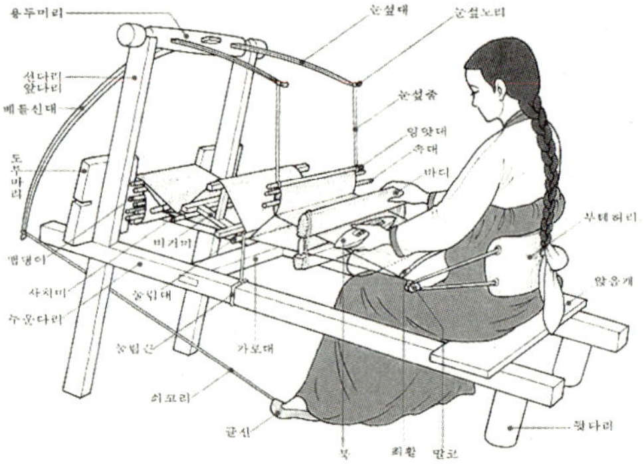

춤동작과 무대공간 구성

순이와 물레의 춤

10명의 누에가 바닥에 누워 있다. 순이가 물레를 돌리기 시작하면 누에 무리는 순이를 따라 나선다. 누에들은 실이 되고 천이 되어 춤춘다.

천도 1994

'천도'는 죽은 자의 극락왕생을 기원하는 무속굿 의식으로 신을 청해 즐겁게 해주고 돌려보내는 과정을 표현한 작품이다. 무속굿에서 사용하는 한지를 오려 무늬를 내고 중앙에 무신巫神을 상징하는 치우천왕의 형상을 늘어뜨려 이승과 저승을 구분하였다.

무대장치 이미지

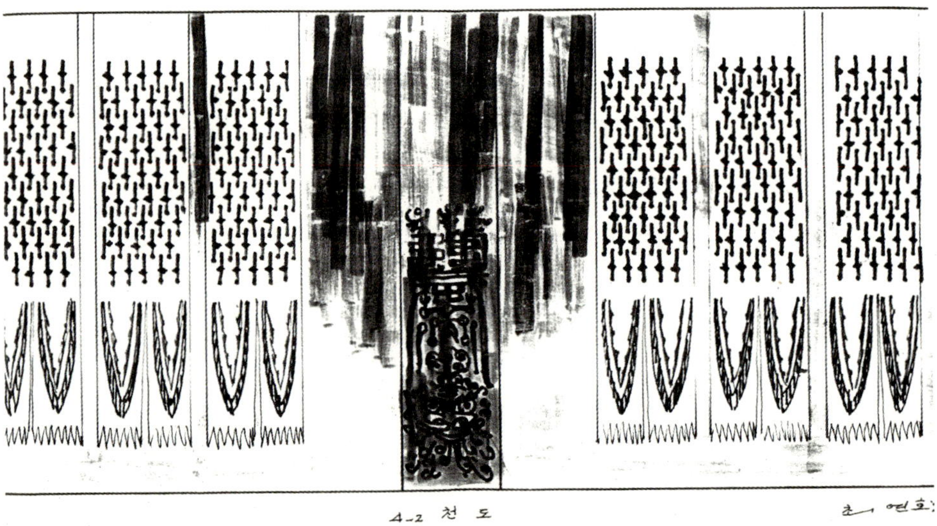

치우천왕 앞에서 춤추는 무녀들의 부적춤 (세종문화회관 대극장 2000)

고구려의 혼 1994

고구려 고분벽화의 무용총을 소재로 만든 작품으로 서울예술단 정기공연작이다.

무대장치 및 의상 이미지

무용총 벽화 가무배송도

무용총 벽화 수렵도

의상 디자인 (황연희)

무용총 수렵도의 무사들 (문예회관 대극장 1994)
무대장치 디자인 (신선희)

비무장지대에 서서… 1995

서울예술단 광복 50주년 기념공연 〈비무장지대에 서서…〉는 DMZ를 소재로 한 작품이다. 비무장지대의 풀잎, 휴전선, 철책 등의 이미지로 갈등과 대립의 춤을 표현한다. 인간의 이기심이 만들어낸 비무장지대 풀잎들의 모습을 서정적으로 표현한 작품으로 문예회관(현 아르코예술극장) 대극장에서 공연하였다.

무대장치 이미지

휴전선과 철책으로 비무장지대를 상징

무대장치 디자인 (손호성)

휴전선의 대립과 갈등의 이미지

밝산 – 그 영원한 생명의 터 2000

서울시무용단 정기공연 〈밝산〉은 백제 금동용봉 봉래산향로를 소재로 안무한 작품으로 세종문화회관 대극장에서 공연하였다. 무대장치로 활용된 직경 6미터의 수레바퀴는 전쟁을 상징하며 고구려 고분벽화에 등장하는 수레바퀴의 이미지를 차용하였다.

무대장치 이미지

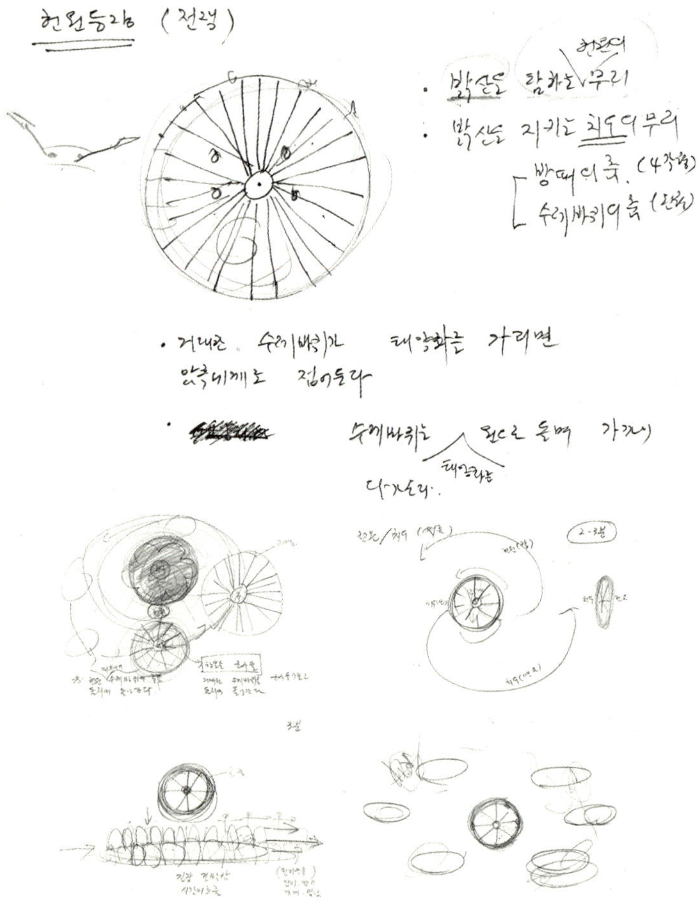

치우천왕과 황제 헌원의 춤 (세종문화회관 대극장 2000)
무대장치 디자인 (송관우)

왕무당의 부적춤 이미지

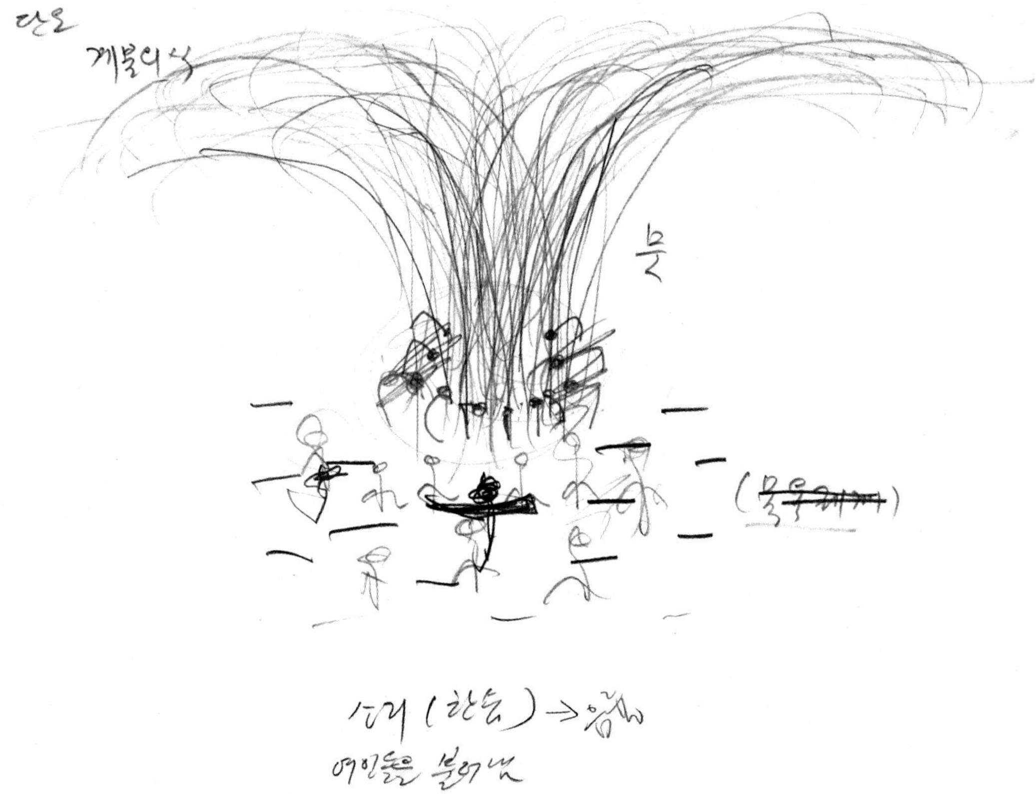

단오
(왕무당청배)

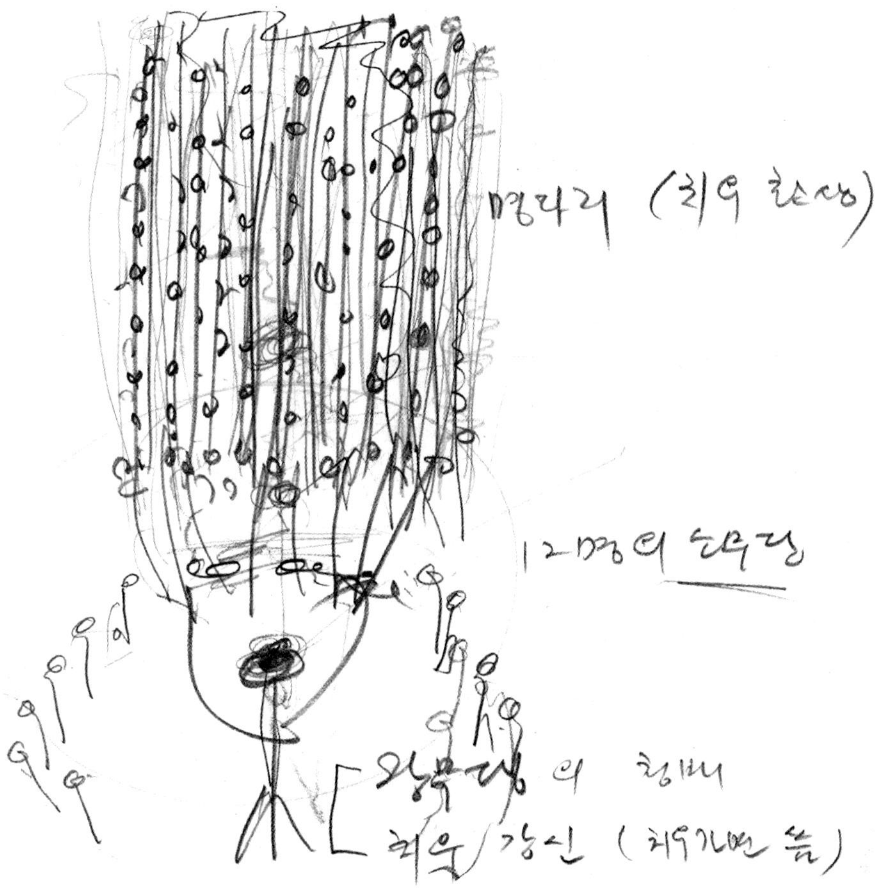

부적 이미지

붉은 부적을 상징한 왕무당의 춤 (세종문화회관 대극장 2000)
의상디자인 (진영진)

위대한 스승 공자 2004

〈위대한 스승 공자〉는 국가무형문화재 제85호 석전대제의 문묘일무 콘텐츠 개발 프로젝트의 일환으로 공연된 작품이다. 2004년 '서울시 무대공연 지원작'인 이 작품은 서울 예술의전당 오페라극장에서 초연되었으며, 경사무대와 오케스트라 피트를 사용한다.

무대장치 이미지

죽간(대나무로 만든 책)의 이미지를 상징한 무대장치 (무대 깊이 28미터)

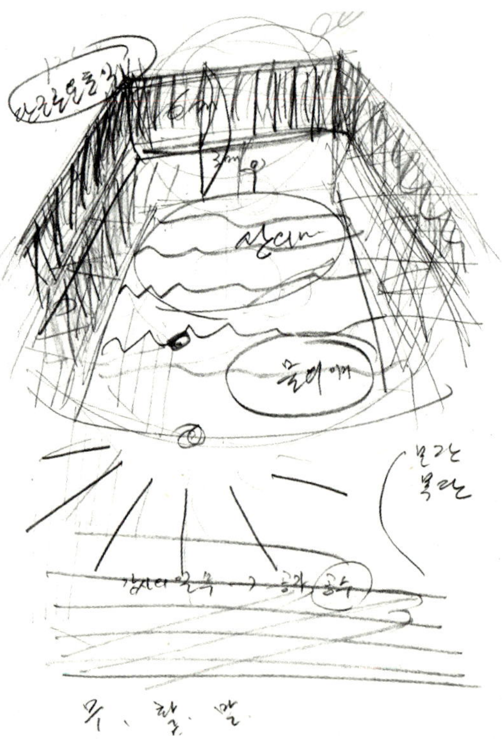

죽간

무대공간 구성

니구산 언덕의 춤 구성

공자가 탄생한 중국 곡부의 니구산 언덕을 처음 보았을 때의 느낌을 '불과 물의 이미지'로 표현한다.

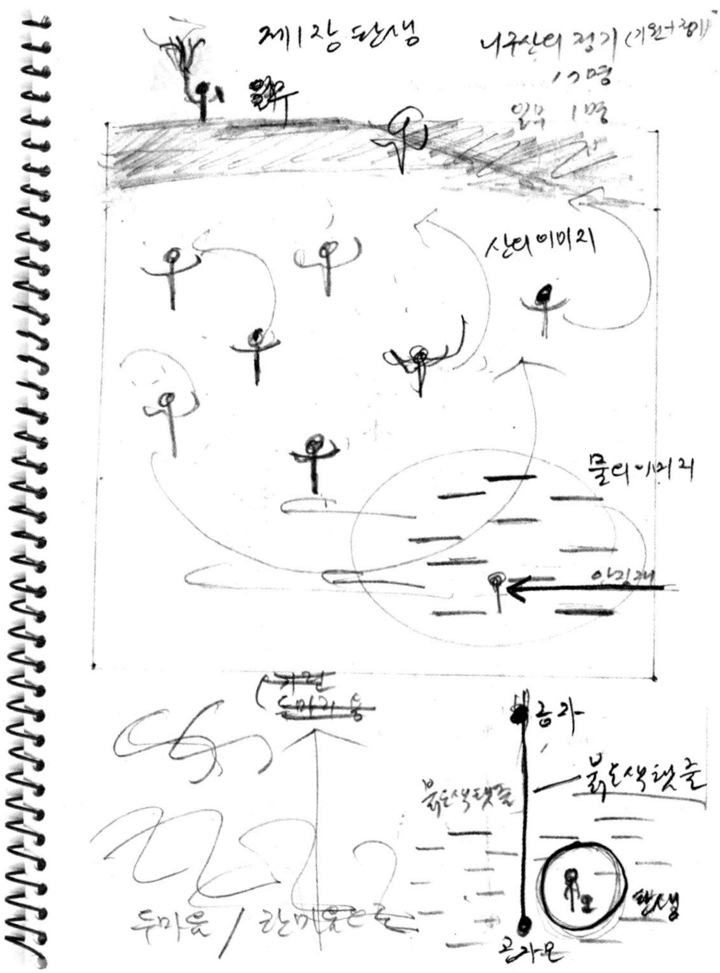

공자가 탄생한 니구산 언덕의 이미지

니구산 언덕의 무대장치 디자인 (박동우, 예술의전당 오페라극장 2004)

공자와 제자들의 '학문의 춤' 구성

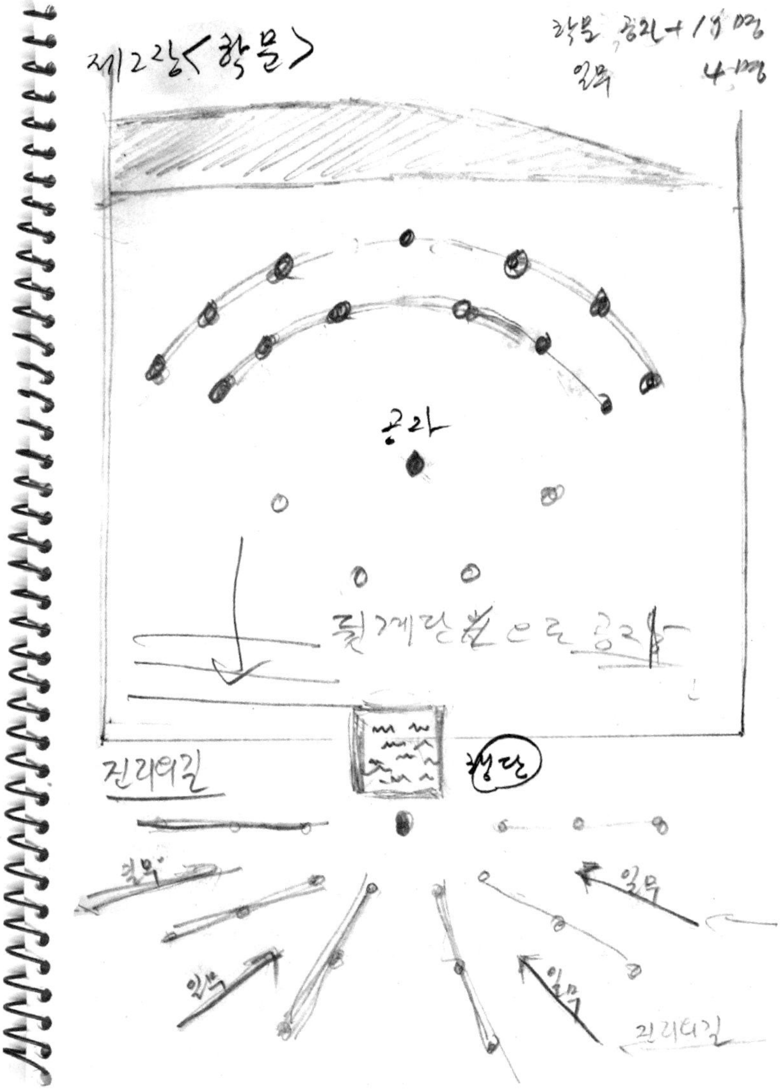

〈학문의 춤〉
예술의전당 오페라극장 2004

죽간춤과 감사의 일무

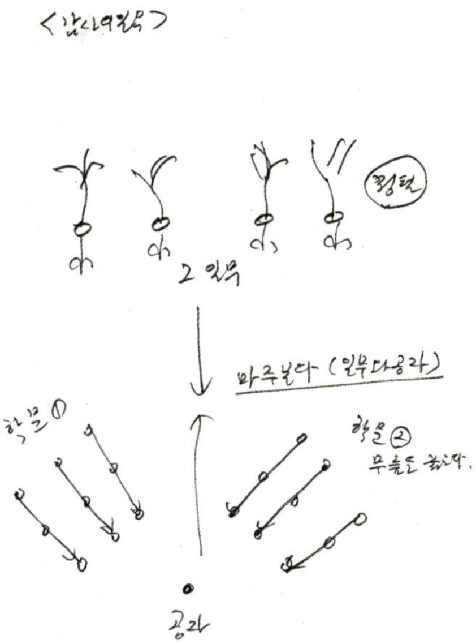

학문의 춤 (예술의전당 오페라극장 2004)

공자와 거문고춤의 무대공간 구성

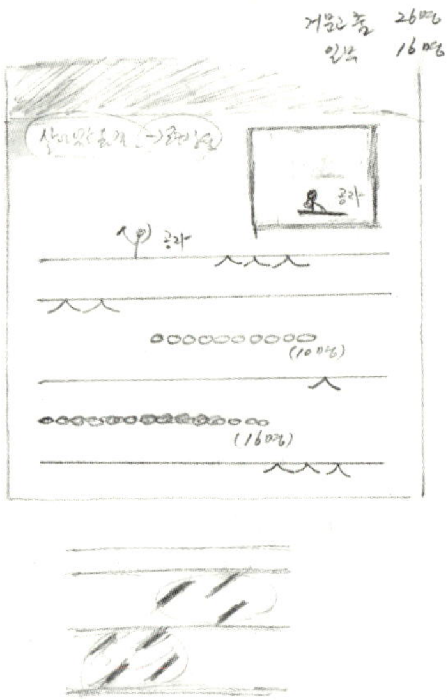

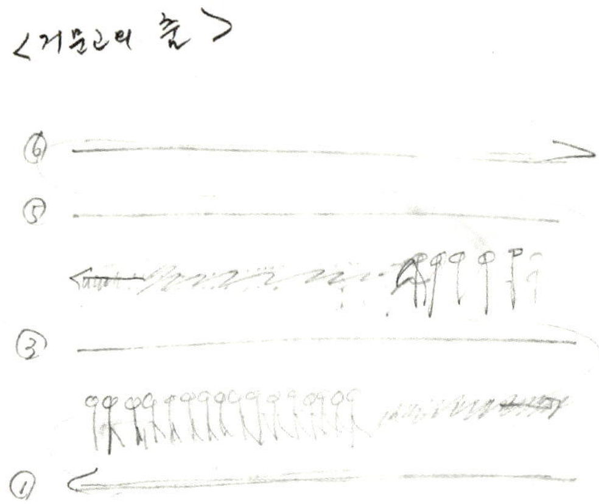

거문고줄을 상징한 군무 (예술의전당 오페라극장 2004)

그리움을 상징하는 솟대춤 이미지

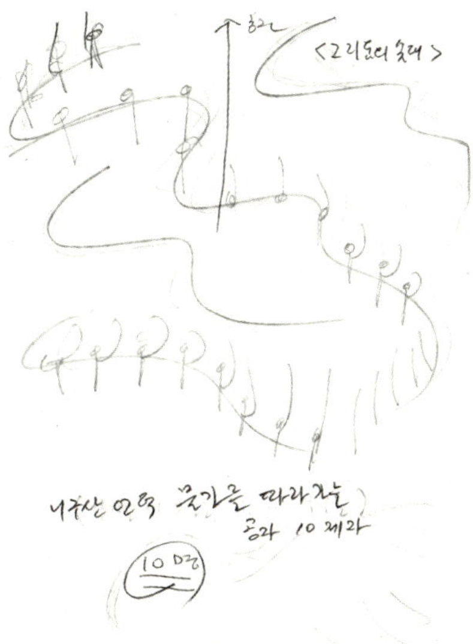

그리움의 솟대춤 (예술의전당 오페라극장 2004)

그리움의 솟대춤 (성균관대학교 600주년기념관 새천년홀 2008)

환희의 일무 무대공간 구성

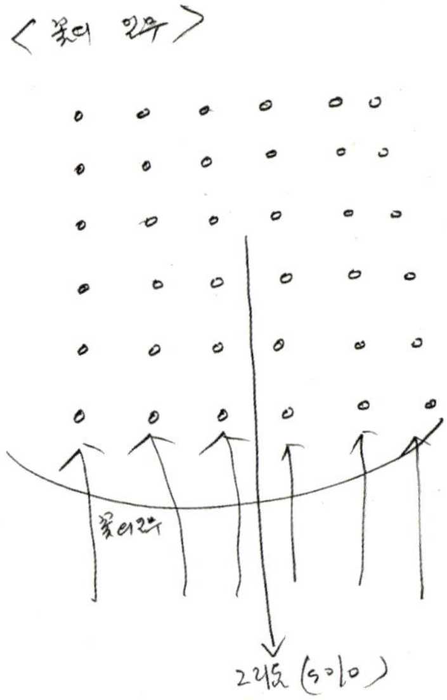

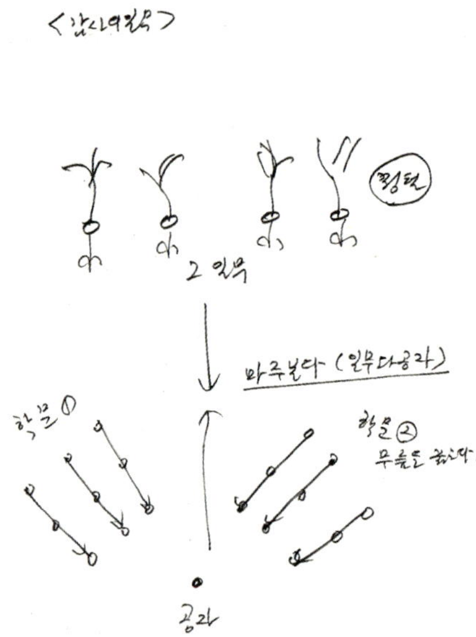

환희를 상징한 꽃의 일무 (예술의전당 오페라극장 2004)

커튼콜 구성

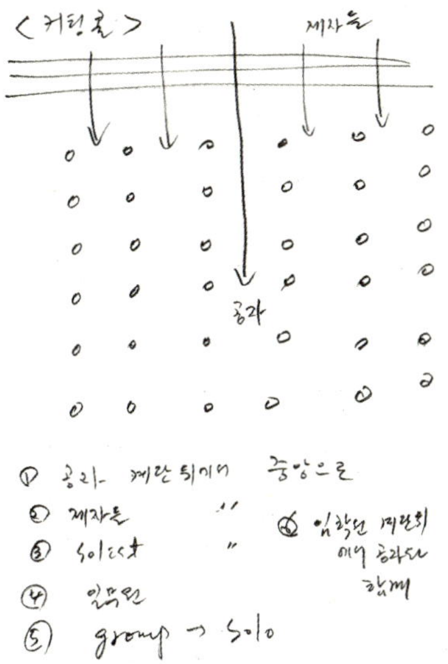

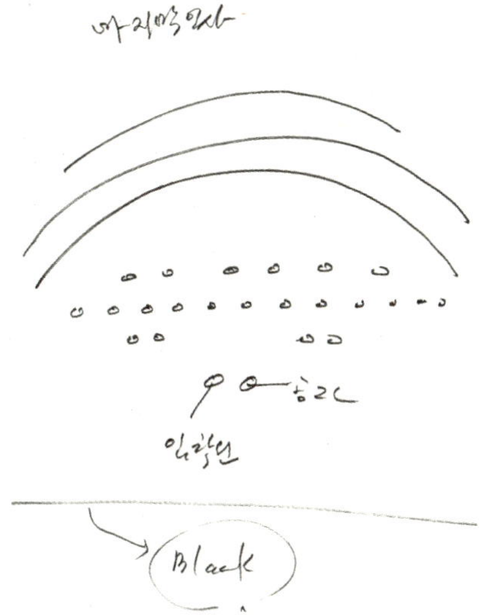

커튼콜 (예술의전당 오페라극장 2004)

영웅 이순신 2015

광복 70주년 기념 신작 〈영웅 이순신〉은 석전대제의 문묘일무 콘텐츠 프로젝트의 일환으로 공연된 작품이다. 아르코예술극장 대극장에서 초연된 이 작품은 2015 서울문화재단 예술공연 지원작으로 공연되었다.

무대장치 이미지

무대장치디자인 (김경동)

의상 이미지

이순신 의상 디자인

거북등

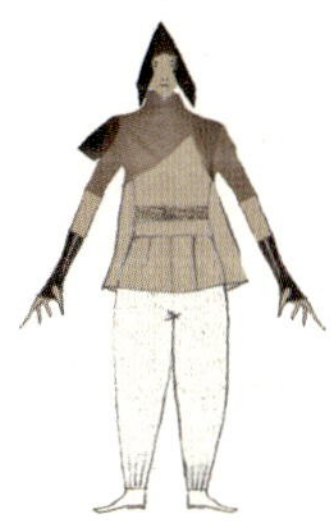

판옥선 병사들

민초

선조

수연

왜장

의상 디자인 (민천홍)

Ⅱ. 임학선 춤 연구

1. 굿춤 연구

진오귀굿의 무당춤에 대한 고찰

임학선의 한국춤 斷想 1985

진오귀굿의 무당춤에 대한 고찰

– 박수 李芝山을 중심으로

Ⅰ. 무 의식과 춤

고대 원시인들은 숭배 대상을 하늘 그 자체에 두었다. 그들은 신을 받들고 섬기지 않으면 화를 면치 못한다는 공포심이나 자기 자신 또는 민족의 이익 추구를 기본 이념으로 하여 신을 숭배하였다. 신을 받들고 섬기기 위해 의식을 거행하였는데 그것이 바로 무巫 의식, 즉 샤머니즘이다. 무 의식에서 가장 중요한 것이 신을 섬기는 일이다. 예로부터 각종 의식에는 춤과 노래와 연주가 필수로 따랐다. 무당은

이 글은 임학선의 이화여자대학교 석사학위 논문 「진오귀굿의 무당춤에 대한 고찰」(1975)에서 춤과 관련한 주요 부분을 다시 정리하여 축약한 글이다. 글에 수록된 춤사위의 그림은 이지산이 그린 것이며, 굿의 사진과 발동작 등의 자료는 본 연구자가 직접 그리고 촬영하고 채보한 것이다.

악가무로 신을 맞이하여 그 신을 즐겁게 해주고 다시 되돌려 보내는 역할을 담당하는데, 장단을 치면서 노래와 춤으로 굿의 12거리를 각각 마무리하게 된다. 이같이 무당이 청신請神, 오신娛神, 송신送神의 과정을 춤으로 마무리하는 것은 접신을 통해 신과 하나 되는 '천인합일天人合一'을 이루기 위해서였다.

무당은 양손에 부채와 방울, 옷자락, 한삼, 신칼, 창 등의 도구를 들고 춤을 추는데 이 도구들은 신과의 접신을 위해 사용되는 것이다. 원시사회에서 인간이 신에게 최대한 바칠 수 있는 것은 곧 온몸으로부터 우러나오는 춤사위였다. 때문에 몸의 움직임뿐만 아니라 무구巫具에 영혼을 더하여 춤을 춘 것이다. 그것은 인간의 명운을 담보하고 있는 신과 하늘에 대해 올리는 가장 경건한 혼신의 몸짓이었다.

춤은 정신이라고 하는 인간 내면의 본질을 몸의 형식을 통해 드러내는 예술양식이다. 몸으로 드러내는 움직임의 형식은 인간이 최초로 하늘과의 관계를 설정할 때부터 경건하고 의미 있는 요소였다. 즉 인간 스스로의 감정을 누리거나 달래기 위한 단순한 동작이 아니라 하늘을 향한 기원과 감사의 표현 수단이었던 것이다. 최초로 집단생활을 하기 시작했을 때부터 인간은 스스로의 힘을 넘어선 영역과 맞닥뜨리게 되는데, 이 때문에 인간은 하늘에 기댈 수밖에 없었다. 이로부터 인간이 하늘과 맺은 최초의 관계는 기원과 감사의 내용에 의해 이루어졌다. 인간이 하늘에 대해 스스로 염원하는 바를 기원하고 다른 한편 하늘이 내려준 은택에 대해 감사하는 것이 바로 최초의 천인관계였다. 춤이라고 하는 최초의 표현양식은 이러한 천인합일의 의식에서 그 수단이자 매개였던 것이다.

주지하다시피 원시 형태의 모습을 지니는 무 의식의 춤은 가장 오래된 형태의 예술양식일 뿐만 아니라 현대의 예술무용을 낳는 원동력이 되었다. 본 연구자가 무속춤에 관심을 갖게 된 것은 우리춤의 뿌리를 찾아보기 위해서였다. 새로운 시각에서 우리춤을 바라보고 발전 방향을 모색해보기 위해서 한국춤의 역사와 뿌리에 대한 이해가 필요했던 것이다. 가장 접근이 용이한 서울 경기 지역의 무속을 대상으로 연구하였다. 한국의 무속은 지역에 따라 차이를 보인다. 서울 지역은 서쪽의 구파발본, 동쪽의 각심절본, 남쪽의 노들본 등 3개의 본本을 중심으로 발전을 이루었다. 노들본은 김포와 강화지방으로, 각심절은 창동과 쌍문동을 중심으로 수원과 오산지방에 전파되었고, 구파발본은 무의 총본산인 덕물산(북쪽)을 근원지로 하여 그 영향을 직접 받았다. 구파발을 중심으로 서울 서대문과 아현동으로 그리고 경기 지역의 포천과 양주로 전파되었다.

본 연구는 서울 경기 지역 구파발본의 맥을 잇고 있는 박수 이지산을 중심으로 연구하였다. 구파발본은 진오귀굿의 본고장이고, 이지산은 구파발본의 무를 계승받아 선관(현 불사방)[1]의 계급으로 활동한 무인巫人이다. 이에 연구자는 민간에서 오랫동안 관습으로 전해 내려오는 무속 양상을 직접 보고 듣고 기록하는 것은 물론, 인왕산에 위치한 국사당의 현지 조사, 그리고 이지산에게 배운 굿춤을 그림으로 남기는 현장 중심의 민속학적 연구방법으로 진오귀굿춤을 연구하였다.

Ⅱ. 진오귀굿의 개관

1. 진오귀굿

무속 중에서 가장 중요한 것은 이른바 '굿'이라고 하는 의례이다. 굿은 부락제와 가신제로 구분되는데 부락제로는 매년 또는 한 해 걸러 한 번 마을의 평안을 위해 하는 별신제가 있고, 가신제로는 재수굿과 진오귀굿을 들 수 있다. 이 중에서 진오귀굿은 망인의 극락왕생 혹은 저승길의 안전을 기원하는 굿으로, 한자로는 '指路鬼'라고 쓰며 '지노귀굿'으로도 부른다. 진오귀굿은 진진오귀와 평진오귀의 두 가지가 있다. 망자가 된 후 13일과 49일 안에 행하는 것을 진진오귀라 하며 그 외에 일반적으로 묵은 진오귀를 평진오귀라 한다.

진오귀굿의 내용을 간략하게 소개하면 다음과 같다.

1) 굿터를 깨끗이 하고 신령을 맞아들인다.
2) 가장 장력 있는 신령들에게 굿 행사를 알리고 굿이 잘되게 해주기를 빈다.
3) 죽은 자의 혼(넋전)과 조상신, 그리고 직성대감 등이 서로 만나서 즐긴다.
4) 저승사자가 죽은 자의 혼을 잡아가려고 위협하지만 무력巫力으로 자유로운 몸이 되게 한다.
5) 바리공주가 망자에게 극락의 길을 인도해주고 저승의 좋은 곳으로 갈 수 있도록 인도해주는 내용으로 전개된다.

2. 진오귀굿의 절차와 춤

굿을 시작하기 전에 무당은 '굿을 합니다'라고 당에 가서 산소지(물구소지)[2]를 받은 다음, 부정한 것을 없애기 위해 한 자 세 치 되는 무명 또는 베를 찢는다. 무당이 그 집안의 조상을 입으로 말하면서 베를 찢은 후 태워버리면 비로소 굿이 시작된

---

1. 무당은 ①선관 ②전례 ③기자(남), 만신(여) ④넋대신 ⑤태주 ⑥명두의 6계급으로 나뉜다.
2. 국사당에 있는 무신도 앞에 삼척지三尺紙 되는 한지 12장을 펼쳐놓고 정성을 드린 다음, 다시 모아서 6장은 세모(△)로 접고, 6장은 길이(□)로 접어서 세모 속에 질러 끼운 다음 도장을 받는 것을 신소지라 함. 신소지 받은 것은 메를 태워버린 다음 접었던 것을 펴서 시왕삼문(소설문, 대설문이라고 함)에 6장씩 둘로 갈라서 걸어놓고 진오귀굿을 시작한다.

다. 이러한 절차를 예전에는 덕물산에서 받았다고 하는데 현재는 굿하기 하루 전이나 당일에 국사당에서 받고 있다.

진오귀굿 역시 이러한 절차가 끝난 뒤에 굿을 거행하는데 크게 두 과정으로 나누어 진행된다. 제1과정은 여러 신들에게 물구, 즉 무당신의 허가를 받는 것이고, 제2과정은 망자를 극락으로 인도하는 과정이다. 제1과정은 '사경친다' 하여 오후 3, 4시부터 시작해서 삼경을 지내놓고 새벽 4, 5시에 끝내며, 제2과정은 해가 뜬 후부터 시작해서 해 지기 전 오후 4, 5시에 끝내는 것을 원칙으로 하고 있다. 그러나 경비 및 시간 관계상 간소화된 형식으로 진행할 때는 오전 10, 11시에 시작해서 오후 5, 6시에 끝내는 것이 보통이다.

요즈음 굿은 보통 3, 4명의 무당이 교대로 진행하고 있으며, 진오귀굿은 일정하지는 않지만 무당들이 아홉 번 교대[3]로 굿을 진행하게 된다. 굿은 각 거리마다 신을 청해드리는 청신, 가무로 신을 즐겁게 해주는 오신, 신의 의사인 공수[4]를 듣고 다시 돌려보내는 송신의 구조로 진행된다.

이지산에 의하면 20여 년 전까지만 해도 진오귀굿을 행할 때는 진부정(무당집에서 행함)[5], 관 넋(초상집에서 행함)[6], 자리거지(초상집에서 행함)[7], 사재삼성굿(당

---

3. ①부정거리에서부터 노랫가락까지, ②물구가망부터 조상거리까지(당주), ③상산마누라거리부터 원영실까지, ④대감거리부터 창부거리까지, ⑤뒷전, ⑥시왕가망부터 사재삼성까지, ⑦말미부터 무명·베 가르기까지, ⑧상식부터 뒷영실까지, ⑨시왕군웅부터 뒷전까지
4. 공수는 신이 하는 말이다. 무당이 가무로 엑스터시 상태에 들어가면 신의 말을 하게 되는데 각 거리마다 세 번씩 준다.
5. 초상난 것을 여러 신에게 보고하는 것
6. 죽은 사람이 관에 들어가기 전에 못다 한 말을 무당이 대신 하는 것
7. '마른 경화'라고도 하며, 시체를 치우고 나서 죽은 자리에 있는 모든 것을 깨끗이 치워버리고 못다 한 말을 듣기도 한다.

에서 함)[8], 탈상굿[9]의 절차를 행한 다음 비로소 진오귀굿을 하였다고 한다. 진오귀굿은 규모에 따라 진오귀새남, 얼새남, 평진오귀로 나누어지는데 진오귀새남과 같은 큰 굿을 할 때는 탈상굿을 대흥예허참굿이라고 한다.

진오귀굿의 의식 절차는 다음과 같다.

1) 부정거리

신을 청하기 전에 신이 오는 길과 좌정할 장소를 깨끗이 치우는 굿의 첫 순서이다. 무속 현장에서는 이를 '부정친다'고 한다. 이 부정거리에서는 부정소지[10] 3장을 올리게 되고 이것을 태움으로써 모든 부정을 깨끗이 하는 것을 의미한다. 부정치고 난 후에 망자의 넋을 상징하는 넋종이를 음식 위에 올려놓는다. 넋종이는 사람의 머리에서부터 발끝까지 모양을 한지로 오린 것을 가리킨다. 부정거리에서는 무녀가 앉아서 장구를 치면서 '염'을 넘겨주면 피리가 이것을 받아넘기는데 이때 장구 장단이 뒤따라준다. 춤은 추지 않는다.

망자의 넋을 상징하는 넋종이

8. 초상 중에 중복살 상문살을 미리 제거하는 굿으로 '삼성다리'를 찢는다.
9. 3년 탈상을 내보내는 것
10. 상문소지 : 상문 조라를 제외한 모든 부정을 깨끗이 함
조라소지 : 조라란 술을 가리키는데 제물 장만 시 가장 손이 많이 닿은 식품이 술이기 때문에 조라소지를 올려 조라를 깨끗이 함

2) 청배거리

망자를 극락으로 보내달라는 뜻에서 신과 조상을 청하는 과정으로 춤은 추지 않고 무녀의 덕담으로 이루어진다.

3) 노랫가락

앞에서 청한 신이 들어올 때 모든 사설 대목을 듣고 즐거워하라는 의미에서 무녀가 소리를 한다. 무녀의 노래에 맞춰 장구, 피리, 젓대, 해금이 뒤따른다. 춤은 추지 않는다.

4) 댄주

'댄주'란 약주를 가리킨 말이다. 촛불을 밝히고 향을 피우는데 향을 피우는 것은 향기를 올려 보내어 신을 하강케 하는 의미가 있으며, 촛불을 밝히는 것은 신의 길을 밝혀줌과 동시에 신의 은총을 받아 환한 세상이 되게 해달라는 정성과 기도의 의미라 할 수 있다. '작酌'을 올려 청배해서 들어온 신을 대접하는 과정으로 음악에 맞추어 절을 한다.

5) 노랫가락

신이 들어온 뒤에 그 신들을 노래로 맞이하고 기원하는 과정으로 춤은 없으며 장구, 피리, 젓대, 해금이 따른다.

6) 물구가망

물구가망

그날의 진오귀를 주관하는 무당이 다른 신으로부터 무당신 허가를 받는 과정으로 감응청배에 해당된다. '가망'에 대해서는 단군에게 절하는 것이라는 설이 있으나 이지산에 의하면 '빌어주는 신'의 의미라고 한다. 물구가망에서부터 춤이 시작된다. 무녀가 옷고름을 양손에 나누어 잡고 춤을 춘다. 차분하고 조용한 가운데 점잖게 진행되며 발꿈치만 살짝살짝 들면서 뛰는 춤을 춘다.

7) 물구말명

'말명'은 무사령巫死靈이다. 무당은 술과 떡을 먹기도 하고 앞마당에서 버리기도 하는데 버리는 것은 하청신을 대접하는 의미이다. 하청신이 부디 '먹고 눈뜨고 감동하여' 조상들을 돌보십사 하는 의미에서 술과 떡을 버린다. 춤은 물구가망과 동일하다.

8) 초영실

초영실

'영실'이란 망자를 의미한다. 망자가 무당에게 강신하여 일가친지를 잠시 찾아보는 것으로 '왔소', '반갑소' 정도로 인사를 나눈다. 무녀는 망자의 옷을 입는데 저고리는 어깨에 걸친다. 이때 무녀는 긴 무명수건을 양손에 걸어 쥐고 아래위로 우쭐대면서 춤을 추는데 손뼉을 치며 본격적으로 많이 뛰는 도무를 하면서 춘다.

9) 조상거리

가족 내 고조, 증조, 할아버지, 아버지 4대 조상의 길흉화복을 예고하며 문안드리고 나가는 순서이다. 무당은 "선대로 할아버지 달어 할머니 양위조상, 후대로 할아버지 달어 할머니 양위조상, 동사 할아버지 할머니 양위조상, 아버지 엄재랑 어머니 복 말명 양위조상" 등을 외우며 무명을 찢어서 태워버린다. 이 조상거리의 춤은 중간 정도로 뛰며 부채를 좌우전후로 우쭐대며 춘다.

조상거리

10) 상산마누라거리

'상산'은 최영 장군을 모신 덕물산을 가리킨다. 가장 고위의 신을 모시는 제사로 재복을 주고 망자를 좋은 길로 인도해주는 과정이다. 부속거리로 작을 올려 여러 사람들에게 술을 따라주는데 이것은 명잔, 복잔, 재수잔이다. 춤은 비교적 엄숙한 분위기에서 진행되며 남철릭 자락을 잡고 추기도 하고, 부채와 술띠를 양손에 갈라 쥐고 추기도 하며, 월도와 삼지창을 들고 추다가 서로 치기도 한다.

상산마누라거리

상산마누라거리 춤사위

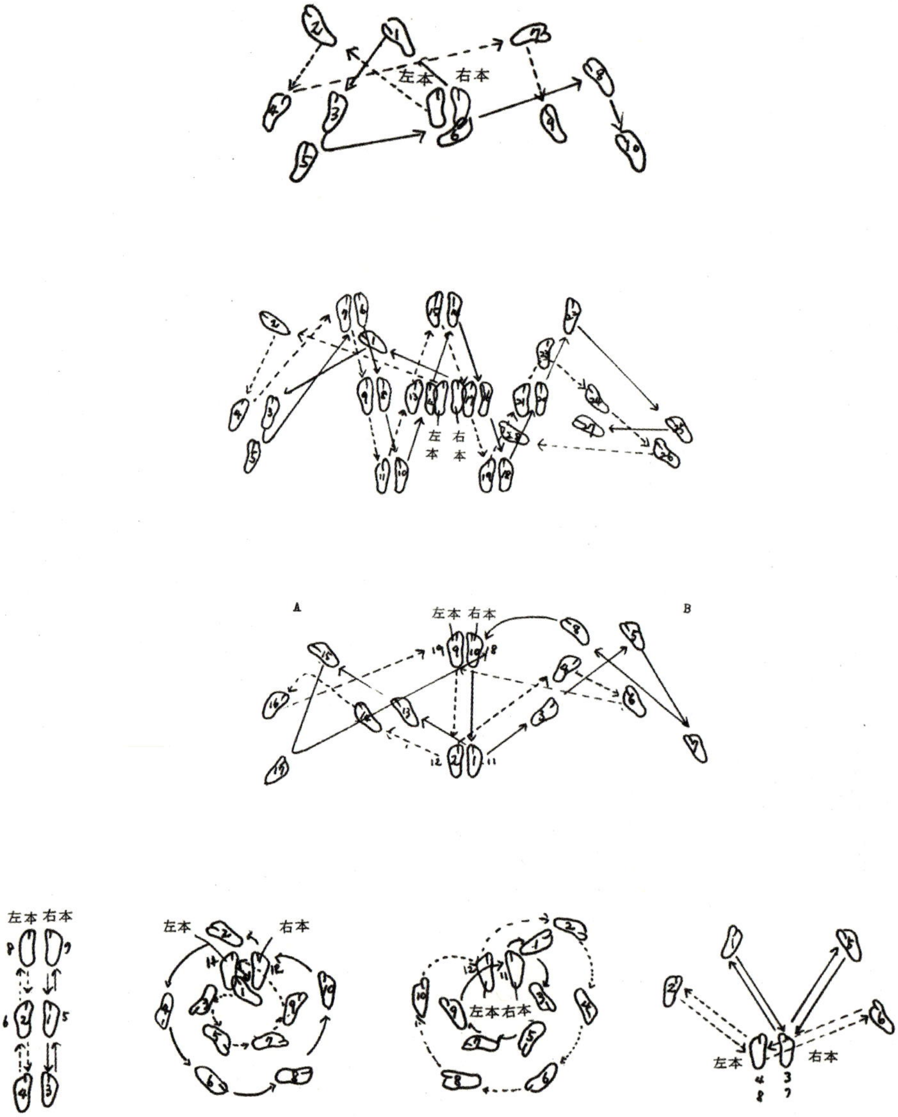

상산마누라거리 발동작

11) 별상거리

'별상'[11]은 망자를 좋은 길로 인도하고 산사람에게 길복재를 도와달라고 비는 과정이다. 여기서는 재가집에만 술을 주며, 부속거리로 망자가 물구를 잘 받았는가 여부를 알아보기 위해서 '사실'[12]을 세운다. 월도 사실은 최영 장군님께 드리는 정성이며, 삼지창 사실은 별상님께 드리는 정성으로 삼지창에다 우족과 돼지머리를 제물로 바친다. 이 거리의 춤은 발뒤꿈치만 살짝살짝 들고 뛰며 전복 자락을 양손에 잡고 추기도 한다. 오른손에는 부채를 펴서 들고 왼손에는 삼지창을 들고 뛴다.

별상거리

사실 세우는 장면

11. 별상의 신격에 대해서는 여러 가지 이설이 많다. 민속학자 최상철 교수는 '별상'이란 한자 별성別星의 와전된 말로 호구별성 또는 마마별성이라고 하는 것인데 마마신, 즉 두신을 뜻하는 말이라고 하며, 김태곤 씨도 별상을 두신의 경칭이라고 한 데 반하여, 이지산 씨는 별상과 별성은 완전히 다른 것으로 별상은 제왕신으로서 연산군, 사도세자와 같은 용상을 지키지 못한 왕을 가리키는 것이라고 말하고 있다.
12. 망자가 진오귀굿을 받아 갈 때 신령의 물구를 잘 받았는지 알고자 월도와 삼지창을 세워보는 것

별상거리 춤사위

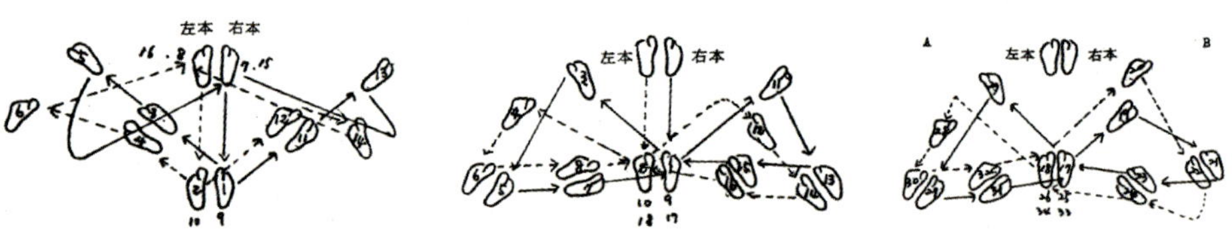

별상거리 발동작

12) 신장거리

'신장'은 동청, 남적, 서백, 중황, 북흑 등의 오방신장이며, 잡귀 추방 신으로 초상 중에 중복살, 상문살, 사재삼성살 등의 모든 부정을 풀어주고 동서남북 사방의 잡귀를 쫓아버리는 과정이다. 무녀는 상주들을 문 앞에 앉혀놓고 상주의 머리 위에다 오색기와 베를 씌워놓고 상주 머리 위에서 무명을 찢기도 하고 술과 음식을 버리기도 하는데 이러한 것을 '부정풀이' 또는 '챙겨 벗기기'라고도 한다.

신장기의 부정풀이

신장거리의 춤은 신장기를 오른손에 3개, 왼손에 2개 쥐고 본격적으로 많이 뛰며 춘다. 도무가 일단 끝나면 오색기를 공중으로 휘날리며 우쭐거리는 춤을 춘다. 발뒤꿈치만 살짝 들어 좌우 교대로 옮겨가면서 신장기를 좌우로 엇바꿔 쥐고 재수를 듬뿍 담아서 주는 동작으로 춤을 추기도 하고, 때로는 그날의 운수를 점치기 위해 무녀가 기를 말아서 구경꾼에게 뽑도록 유도한다. 이때 적색이 나오면 재수가 있다고 하고, 검은색이 나오면 좋지 않은 기운이라 하여 다시 기회를 주어 붉은색 기를 뽑도록 유도하기도 한다. 이렇듯 신장거리는 무녀의 연기력이 대단히 필요한 과장으로 다이내믹한 춤을 추는 것이 특징이다.

신장거리 춤사위

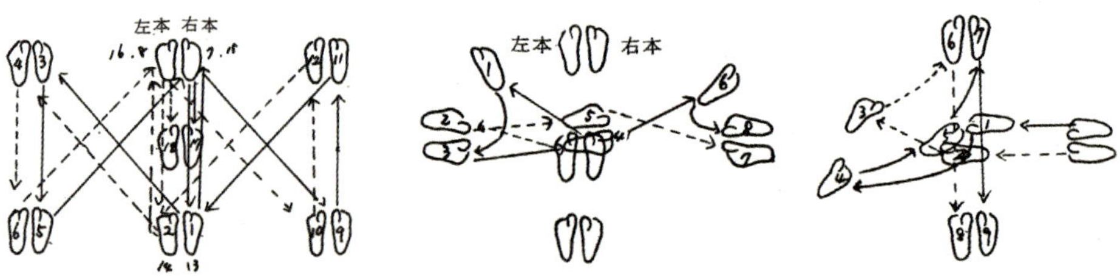

신장거리 발동작

13) 원영실

망자가 무녀에게 강신하여 생전에 하던 말을 통설하는 것으로, 무녀는 망자의 옷을 입고(저고리를 어깨에 걸친다) 긴 무명수건을 들고 사설 덕담으로 엮어가면서 춤을 춘다. 이때 딴 객귀의 침입을 막기 위해 망자상에 있는 술, 산자, 감, 사과 등 여러 제물을 그릇에 담아 문 앞에 내놓음으로써 객귀의 안 출입을 막는다.

원영실

14) 대감거리

무속에서는 대감을 '99도대감', '53떼대감'이라고도 부른다. 이것은 대감 수가 무한정이라는 데서 생긴 것이라 한다. 대감에는 내대감과 외대감이 있다. 내대감은 웃대감이라고도 하며 상산대감, 별상대감, 신정대감, 전안대감, 재가집 군웅대감, 몸주대감 등의 다양한 복수의 수호신으로서 망자를 천도하기 위해 대감을 대접하고 놀리는 거리이다. 외대감은 아랫대감이라고도 하며 도당대감, 부군대감, 터대감, 수문장대감 등으로 외대감에게는 주로 산 사람에게 안락태평과 재복을 달라고 빈다.

웃대감은 점잖기 때문에 곡물을 가지고 노는 일이 없으나, 아랫대감은 웃대감보다 하위로서 소반 위에 떡, 우족, 흰 창호지 위에 모자를 얹어놓고 이것을 또 머리 위에 올려놓고 춤을 추는데 이때 손이 소반 위까지 올라간다. 이것은 재수사망, 금산금, 은산은, 용문산 구름, 대천 바닷물 등을 주어 담는 것이라고 한다. 소반을 머리에 이고 뛰기도 하는데, 몸과 마음이 조금도 교란됨이 없이 안정된 자세에서 추는 것을 보면 춤을 배우는 과정이 얼마나 엄격했는가를 짐작할 수 있다.

대감거리의 춤은 서두르면서 수선스럽게 전후좌우로 뒤뚱거리기도 하며, 어깨를 들썩거리기도 하고, 안짱걸음과 팔자걸음으로 걷기도 하는 등 무당의 연기력이 대단하게 돋보이는 거리이다.

내대감

외대감

대감거리 춤사위

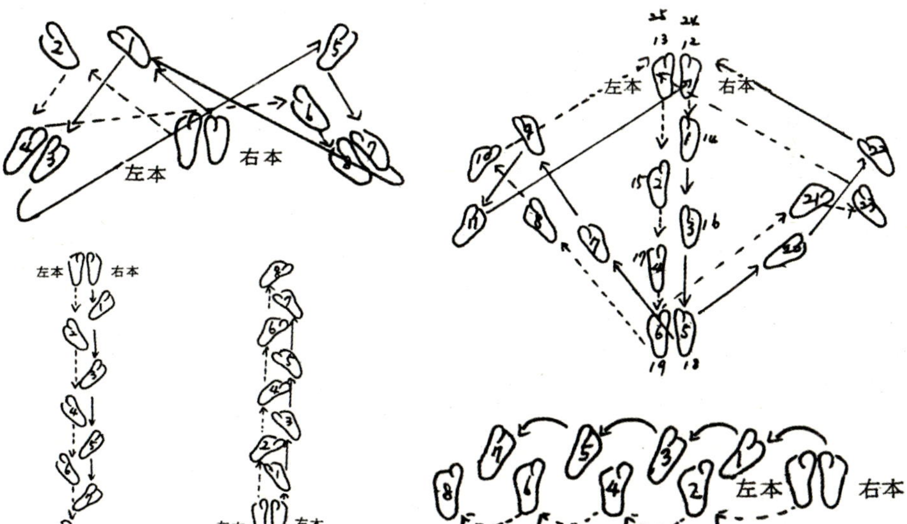

대감거리 발동작

15) 창부거리

'창부倡夫'는 광대로 1년 열두 달의 액막이[13]를 한다. 창부신을 즐겁게 놀리는 과정은 춤과 덕담, 타령으로 엮어지며 망자를 천도하고 재와 복을 도와달라고 기원한다. 재미있고 생기 있게 오른손에 부채를 들고 너풀너풀 춤을 춘다. 신장거리처럼 본격적으로 뛰는 것이 아니라 보통 정도의 높이로 뛴다.

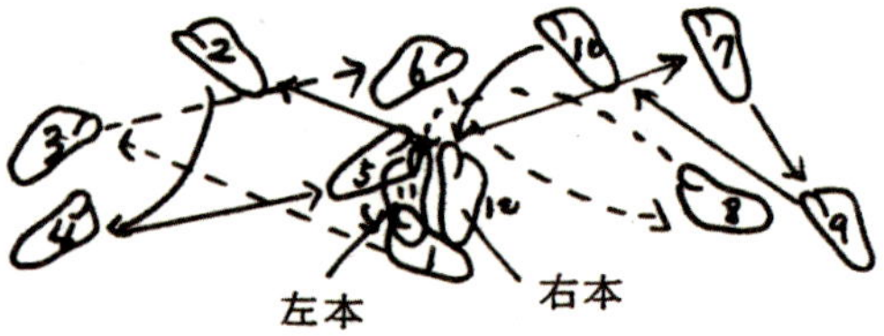

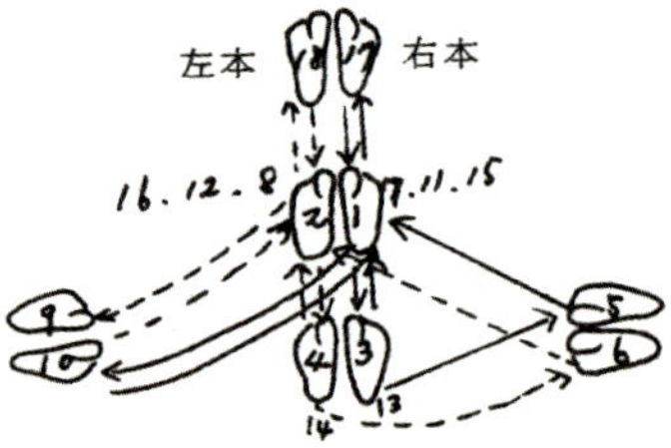

창부거리 발동작

16) 뒷전

지금까지의 과장에서 뒤떨어져 있는 모든 잡귀 잡신을 대접해서 풀어내는 과장으로 이 뒷전에는 12신[14]으로 나누어진다. 이상과 같이 부정거리에서 뒷전까지는 망자를 모셔와서 행하는 과장으로 제1과장이 모두 끝난 셈이다. 시왕가망부터는 제2과장으로, 망자를 극락으로 천도하기 위한 순서가 진행된다.

---

13. 정월에 드는 홍수 열나흗날 막아내고, 2월에 드는 홍수 한식 차례날 막아내고, 3월에 드는 홍수 삼짇날 막아내고, 4월에 드는 홍수 관등놀이로 막아내고, 5월에 드는 홍수 단오 추천놀이로 막아내고, 6월에 드는 홍수 유둣날 막아내고, 7월에 드는 홍수 칠성맞이로 막아내고, 8월에 드는 홍수 성묘 간다고(추석) 막아내고, 9월에 드는 홍수 산맞이 들맞이로 막아내고, 10월에 드는 홍수 무마일날 막아내고, 11월에 드는 홍수 동짓날 막아내고, 12월에 드는 홍수 회동작일(까치날) 막아주마.
14. ①걸립(끌어들이는 신), ②지신(사는 집 신, 오방지신) ③대감 ④성황(명성황신, 산 사람의 삶에 출입을 빈다) ⑤사신 ⑥맹인(장님) ⑦하탈(산귀) ⑧말명 ⑨상문 ⑩동법서낭 ⑪영산(요절, 횡사 등 억울하게 죽은 사령) ⑫객귀

17) 시왕가망

'시왕'은 명부冥府 십대왕[15]을 가리키는 10명의 왕이다. 각 대왕마다 지옥이 다르고 그 지옥에 7일을 단위로 하여 망자가 떨어지게 된다. 10명의 대왕에게 많이 잡수시고 망자를 천도해달라고 기원하는 거리로 '중디'[16]노랫가락이 부속거리로 들어간다. 이 거리의 춤은 물구가망과 동일하다.

18) 시왕말명

망자가 아무 탈 없이 극락에 갈 수 있도록 기원하는 거리로 춤은 시왕가망과 동일하다.

19) 사재삼성

사자의 머리장식

'사재'란 사자使者의 와전된 말로, 사재삼성이란 저승의 3사자를 가리키는 것이다. 망자를 저승으로 잡아가려고 3사자[17]가 오는 과정으로 무당은 사자의 역할을 담당하게 된다. 무녀가 입에 산자를 물고, 머리에는 꽃을 꽂고, 시왕문 쪽으로 사재다리를 던지면서 망자를 잡아가려고 위협하는 순간, 상제들이 이것을 막으려고 애를 쓴다. 한 자 길이의 무명과 베를 반으로 찢어[18]서로 엮어서 꼰 다음 머

---

15. 십대왕 : 진광대왕, 초강대왕, 송제대왕, 오관대왕, 염라대왕, 변성대왕, 태산대왕, 평등대왕, 도시대왕, 오도전륜대왕
16. 망인의 저승길을 닦아주는 굿에서 저승길을 상징하는 포 7척 7촌을 무가 가르는데, 중디란 이 포를 지칭하는 것이다.
17. 일직사자, 월직사자, 청직사자(젊은 사람이 죽었을 경우), 지국사자(노인이 죽었을 경우), 이외에도 천하 천직사자, 지하 지목사자, 굽도리 난양사자(난잡한 사자), 모란각시 강림사자(처녀 총각 잡아가는 사자), 최판대왕 조상사자(사람을 잡아가기 전에 답사 오는 사자, 지붕 위에 기를 꽂아놓고 감)가 있다.
18. 재가 댁과의 인연을 끊어버리는 뜻으로 찢는다.

사재삼성

리에 묶고, 꽃 두 송이와 말미종이를 머리에 꽂고 입에는 산자[19]를 문다. 그다음 건대구[20]를 등에 넣고 열 자 길이의 베(사자다리)를 허리에 묶은 다음, 양손에 걸어 쥐고 춤을 추며, 이것을 다시 풀어서 양손으로 갈라 쥐고 방울을 흔들면서 춤을 추기도 한다. 이때 극락 가는 길의 상징으로 사자다리를 바닥에 깔아놓고 노자를 받아내기도 한다. 이와 같은 사자놀기가 무당들은 가장 어렵다고 말한다. 무녀의 연기력으로 무서움을 주기도 하고, 익살스럽기도 하지만 보는 사람들은 재미를 느끼는 과장이다.

20) 말미(바리공주)

'말미'[21]는 잠시 쉬어간다는 말로 흔히 '말미 드린다'고 한다. 바리공주의 일대기를 엮은 사설로 망자를 극락왕생시키는 과장이다. 말미 드릴 때는 무녀가 장구를 엎어놓고 앉는다. 왼손에는 방울을 들고, 오른손에는 북을 들고 장구의 북편을 두드리면서 의식을 진행하는데 춤 없이 긴 사설 덕담으로 엮어 나간다. 이때 무녀 앞에는 망자의 옷을 놓고 말미 상에는 향과 촛불을 켜고, 쌀 위에는 흰 창호지 한 장을 덮고 그 위에 '새발심지'[22]를 놓는다. 말미 후에 새발심지에 불을 붙인다. 새발심지

---

19. 사자의 '혓바닥' 역할을 한다.
20. 망령이 올라앉는 안장 역할을 한다.
21. '바리공주'에 대해서는 일본인 학자 추엽륭秋葉隆 교수가 그의 저서 『조선 무속 연구』 상권에서 "아마도 조선시대에 이루어졌을 것"이라고 하고, 하권에서도 "무가의 성립연대에 대해서는 확실한 것을 알 수 없으나 적어도 현재와 같은 형태를 갖춘 것은 조선시대에 들어와서의 일이 아닌가 생각한다"고 말하고 있다.
22. 창호지를 잘라서 발이 3개 달리게 꼬아서 만 것으로 저승길을 밝혀주는 화제의 역할을 한다.

가 다 타고 나면 망자가 지나간 흔적으로 인족, 말족, 우족, 개족, 새족, 뱀족, 황새족들의 발자국이 쌀 위에 남게 되는데, 어떤 흔적이 남겨졌는가에 따라 극락으로 승천한 혼이 무엇이 되었는지 알게 된다. 이때 개족이나 새족의 흔적이 남겨 지면 좋은 곳으로 승천한 것이고, 뱀족이 남게되면 전생에 죄를 많이 지은 사람이라고 무속인들은 말하고 있다.

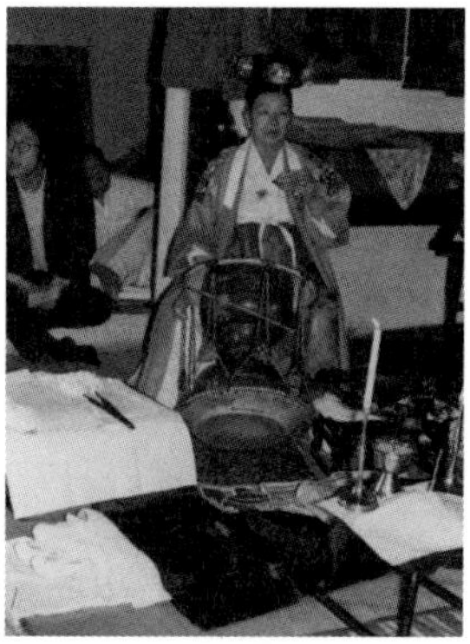
바리공주가 사설 덕담을 하는 장면

21) 도령

바리공주가 망자의 길을 인도하는 과정이다. 무녀는 나비도령, 한삼도령, 부채도령, 칼도령의 순으로 굿상을 끼고 돌아가는데 각각 세 바퀴씩 모두 열두 바퀴를 돌며 춤을 춘다. 상을 돌 때는 무녀의 뒤로 상주와 망자의 옷, 친척의 순서로 뒤따른다.

바리공주가 나비도령을 도는 모습

① 나비도령

나비도령은 망자의 길을 열어주는 과장이다. 무녀가 한삼을 끼고 나비가 날아가는 것처럼 팔을 옆으로 굽히고 펴면서 굿상을 돌아간다.

나비도령 춤

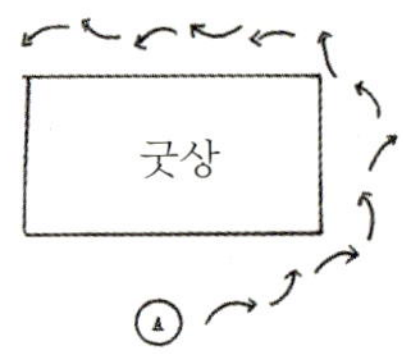

바리공주가 굿상을 도는 동선

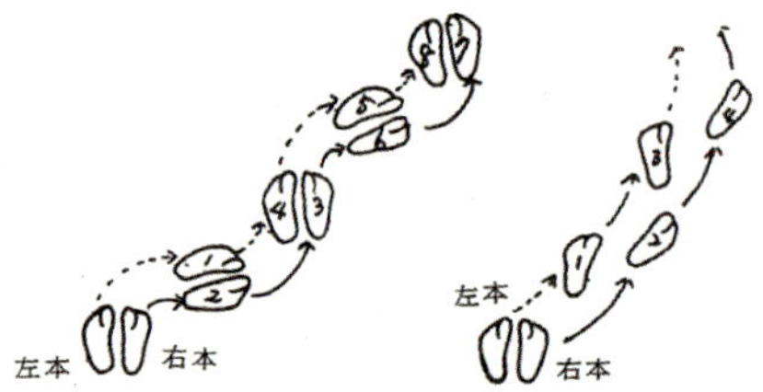

바리공주가 굿상을 도는 발동작

한삼을 끼고 나비가 날아가는 모양을 춤추며 굿상을 돌아가는 무녀의 춤

② 한삼도령

한삼도령은 무녀가 망자를 이끌어가는 과장이다. 무녀는 나비도령과 마찬가지로 한삼을 끼고 굿상을 돌게 되는데, 한삼을 뿌려서 뒤로 감고 돌기도 하고 한삼을 다시 풀어주면서 돌기도 한다. 한삼을 감고 도는 것은 망자를 끌고 당기면서 한눈팔지 못하도록 하며 극락의 길로 인도해간다.

한삼도령 춤

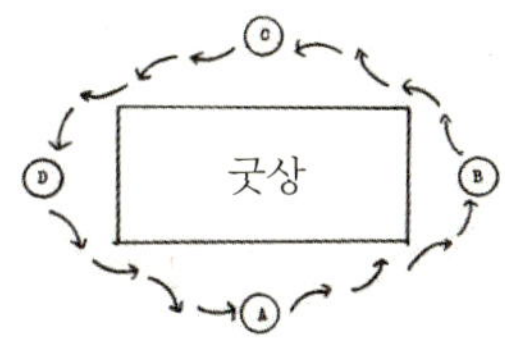

바리공주가 굿상을 도는 동선

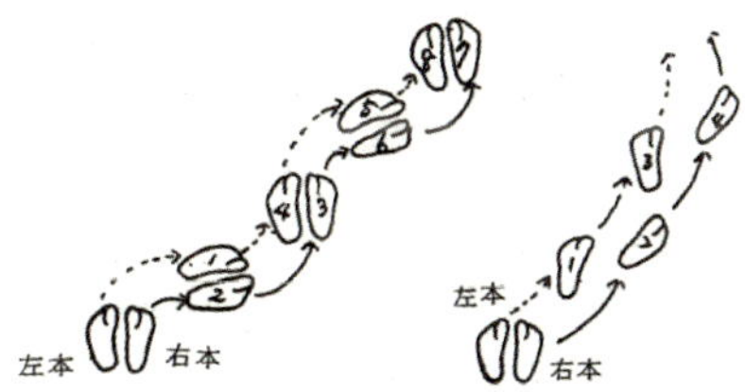

바리공주가 굿상을 도는 발동작

한삼을 팔에 휘감아 걸치고 좌우로 돌며 굿상을 돌아가는 무녀의 춤

③ 부채도령

오른손은 부채를 펴서 머리에 얹고, 왼손에 든 방울을 흔들면서 제자리에서 왼쪽으로 360도 돈다. 부채를 돌려서 가슴 쪽으로 내린 다음, 오른쪽으로 다시 360도를 돈 후에 부채를 접어서 어깨에 메고 방울을 흔들면서 굿상을 돌게 된다. 부채를 머리 위에 얹는 것은 망령을 떠 올리는 동작으로 망자를 천도하기 위한 것이다.

부채도령 춤

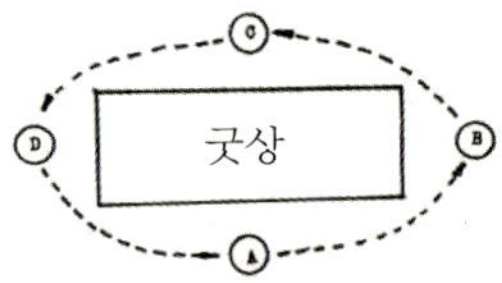

바리공주가 굿상을 도는 동선

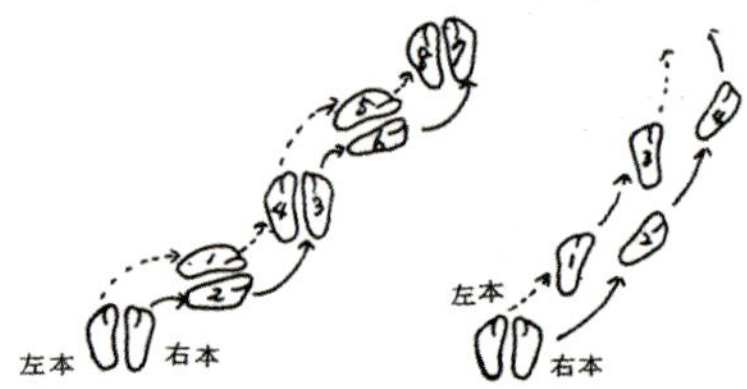

바리공주가 굿상을 도는 발동작

부채와 방울을 들고 좌우로 돌면서 굿상을 돌아가는 무녀의 춤

④ 칼도령

칼도령은 망자의 '고'를 풀어 보내는 과정이다. 왼손에는 방울을 들고, 오른손에 든 대신칼 2개를 머리 위에서 세 바퀴 돌린 다음, 반대쪽으로 던져서 건네주고 방울을 흔들면서 굿상을 돌게 된다. 바리공주가 상을 돌 때는 망자의 고무신을 신고 돈다. 나비도령, 한삼도령, 부채도령, 칼도령을 각각 세 바퀴씩 돌게 되면 열두 바퀴의 도령돌기가 모두 끝나게 된다. 도령거리의 춤은 매우 점잖고 우아하며 무복과 머리 장식이 화려한 것이 특징이다.

칼도령 춤

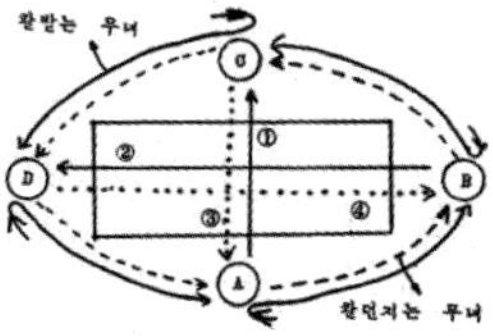

바리공주가 굿상을 도는 동선

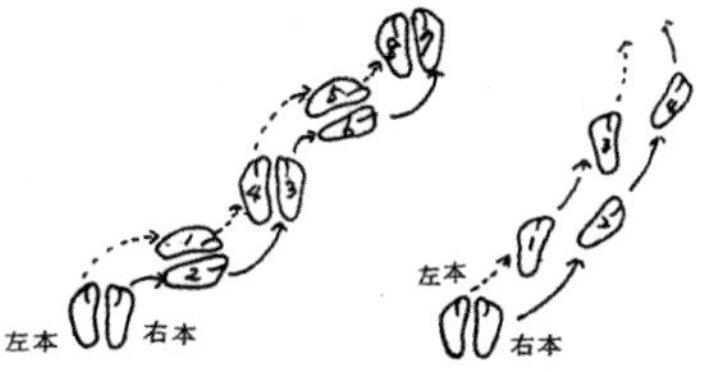

바리공주가 굿상을 도는 발동작

신칼을 머리 위에서 돌리고 반대편으로 던지는 것을 반복하며 굿상을 돌아가는 무녀의 춤

22) 무명·베 가르기

무명은 말근다리(이승다리)를 뜻하고, 베는 시왕다리(저승다리)를 뜻하는 것으로 '진다리'라고도 한다. 무명과 베의 순으로 찢어서 양쪽 길(이승과 저승길)을 모두 열어놓고 넋을 보내는 과정이다. 망자가 남자일 경우에는 열두 자, 여자일 경우에는 아홉 자의 길이를 찢는다. 천을 찢을 때는 양손에 대신칼을 하나씩 들고 무녀의 가슴으로 밀면서 갈라 나간다. 무명을 찢을 때는 제금을 치고, 베를 찢을 때는 장구가 따르게 된다.

무녀가 배를 찢는 춤

23) 상식

망자가 극락으로 가기 전에 마지막 받는 상으로 상주들은 음악에 맞추어 술잔을 올려 애도의 뜻을 표한다. 상식에는 춤이 없다.

상식 드리는 장면

뒷영실

24) 시왕군웅

'시왕군웅'은 망자의 저승길을 담당하는 군웅신, 즉 길신(저승길신)이 망자가 무사히 잘 가도록 도와달라고 비는 과장이다.

25) 진오귀 뒷전

망자가 길을 떠날 때 따라왔던 조상신이나 잡귀 잡신들을 풀어먹여 보내는 과장이다. 북어 3마리, 계란 3개, 좁쌀, 수수, 팥, 식구들 의류가 사용된다. 3마리의 북어 입에 날고기 한 점씩을 물려 상문 중복살로 인한 가족의 액을 막아내고자 한다. 그리고 계란 3개는 액을 깨뜨려버리는 것으로 쓰인다. 좁쌀과 수수, 팥을 볶아서 쓰는데 그 이유는 지금까지 볶아치던 잡귀를 쫓아내기 위해서라고 한다. 이때 무녀는 좁쌀과 수수와 팥을 마당으로 뿌려버린다. 산 사람을 대신해서 가족들의 의류를 망자와 함께 딸려 보내는 것으로 서낭나무에 걸어놓는다. 이것은 미래의 불행을 잡신으로 하여금 가지고 가라는 대수대명이다. 이렇게 해서 시왕가망부터 진오귀 뒷전까지 제2과장이 끝남으로서 진오귀굿의 절차가 모두 끝나게 된다.

Ⅲ. 진오귀굿 춤의 특징

1. 굿춤의 형태

서울 지역의 무속춤은 노들본, 각심절본, 구파발본으로 구분된다. 첫째, 노들본의 춤은 '훌터나간다' 하여 좌우로 움직인다. 둘째, 각심절본은 무녀가 굿상을 싸고돌며 춤을 춘다. 셋째, 구파발본의 춤은 매우 다양하다. 노들본과 같이 '훌터나간다' 하여 좌우로 움직이는 것 외에 '드리쑥배 내쑥배'라 하여 전진 후진을 하는 것, 굿상을 싸고도는 것, 그 밖에 돌아서 제자리로 돌아가는 걸음법 등으로 춤을 추게 된다. 노들본은 서민적이면서도 엄숙한 것이 특징이고, 각심절본은 잡아당기면서 추는 듯한 느낌을 주는 점잖은 문관文官다운 춤이며, 구파발본은 가장 다양하게 동작선을 그리는 것이 특징으로 엄숙한 느낌의 무관武官다운 춤이다.

노들본, 각심절본, 구파발본의 동선을 그림으로 나타내면 다음과 같다.

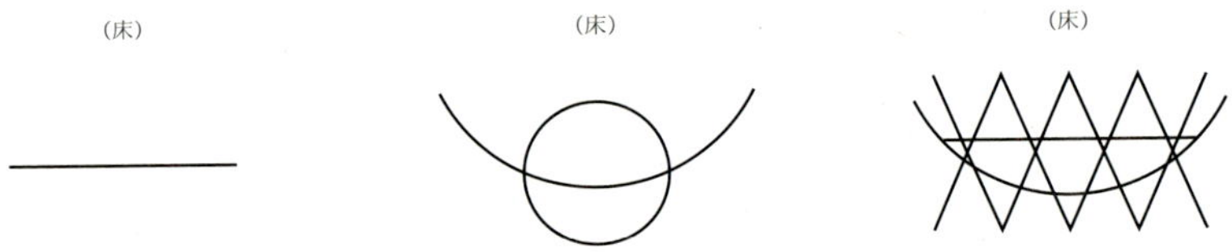

노들本 각심절本 구파발本

2. 진오귀굿의 춤사위

한편 무당의 춤학습은 매우 엄격한 절차에 의해 이루어진다. 먼저 무당의 문서인 사설을 모두 익히고 난 후에 장단[23]을 익히고, 그다음 의식 절차를 배운다. 굿의 순서뿐만 아니라 상차림, 무복 만드는 법 등을 모두 배우고 난 후에야 비로소 춤을 배울 수 있는 것이다. 춤을 배우는 순서 또한 엄격하다. 춤을 익힐 때는 발 딛는 법을 먼저 배우고 한삼을 끼고 손놀림법을 배운다. 균형감각을 익히기 위해 머리 위에 머리 뭉치를 얹어 놓고 팔과 다리를 움직이며, 마지막으로 소도구를 들고 추는 법

---

23. 무악에 쓰이는 장단은 매우 다양하다. 진오귀굿에서는 굿거리, 자진굿거리, 도드리, 타령, 자진타령, 길군악장단, 부정장단, 별상 장단 등이 주로 쓰이며 피리, 젓대, 해금의 3재비 가락악기와 장구, 제금(바라)의 장단악기가 주류를 이룬다. 그러나 굿의 규모에 따라 단피리 하나에 단재비만으로 꾸려가기도 하고, 피리와 해금 또는 피리와 젓대와의 양재비 편성도 있으니 그 가감은 형편에 의하여 자재한 것임을 알 수가 있다. 악사는 장구, 해금, 피리, 젓대, 해금의 순으로 앉는다.

을 학습하게 된다. 굿의 제반사항을 두루 익힌 후에야 비로소 춤을 배우고 또 굿에 참여할 수 있게 된다.

무당은 여러 신을 표현하기 위해 다양한 도구[24]를 양손에 들고 춤을 춘다. 부채와 방울을 들고 우쭐대기도 하고, 월도와 삼지창을 들고 치고 두드리며 춤을 추기도 하고, 신장기[25]와 전복 자락을 잡고 추는 경우를 흔히 볼 수 있다. 굿에서 가장 많이 사용되는 것이 부채[26]와 방울이다. 굿을 할 때 무당은 부채의 그림을 무당 자신의 가슴 쪽으로 향해 드는 것을 원칙으로 삼고 있는데 그것은 부채의 그림이 무당 자신의 정신 통일을 위한 수단으로 사용되기 때문이다. 무당이 부채나 방울 또는

---

24. 부채, 방울, 신장기, 호수빛갓, 빛갓, 전립, 월도月刀, 삼지창, 대신칼, 소반, 흰 수건, 한삼 등

25. 신장기는 청靑, 적赤, 백白, 흑黑, 황黃이던 것이 현재는 청靑이 연두로, 흑黑이 남으로 바뀌어서 사용되고 있으며 점구占具를 겸하고 있다. 춤출 때 오른손에 홍색, 흰색, 노란색을 들고, 왼손에는 남색과 검은색을 들고 춘다. 대신칼은 잡귀를 쫓는 것으로 사용되고 있다. 한삼은 7가지 색으로 되어 있고 빨간색의 술띠가 달려 있는 것이 특징이다. 꽃분홍은 무舞, 연두는 강산, 노랑은 주主, 국가, 다홍은 부부, 남은 자식, 흰색은 백의민족을 각각 상징하고 있다.

26. 부채는 노란색 바탕에 3자 3치의 노란색 수건을 달며, 부챗살은 50개의 검은색으로 '한림'이라고도 한다. 해, 달, 북두칠성, 구름, 산, 오봉산, 바위, 물, 학, 사슴, 거북의 십장생으로 되어 있으며, 삼심제척은 천天, 지地, 해海의 삼신으로 자연신이고, 불로초는 장수, 목단꽃과 나비는 소생을 나타내는 것으로 되어 있다. 방울은 1자 3치의 노란색 수건을 달며 대고리(2개)는 일日과 월月을 뜻하고, 소고리(7개)는 북두칠성, 방울(7개)은 칠형제를 뜻하는 것으로 '조개방울'이라고도 한다. 연봉(2개)은 생生과 사死, 양대는 방울 3개 쪽이 남男이고 4개 쪽이 여女이다. 원대는 합근, 방울 하단의 원 모양(◎)은 마음心을 뜻한다.

27. 무당은 각종 무복으로 각각의 신을 나타낸다. 무복은 지방에 따라 조금씩 달라지는데 서울과 중부지방의 무복은 비교적 화려하고 섬세하며 무복도 다양하다. 무복은 주로 조선 관복류에 속한 홍철릭(조선 무관, 당하관복), 남철릭(조선 무관, 당상관복), 몽두리(조선조 관중 무녀복), 협수 전복 등인데, 시간이 흐르면서 점차 부분적으로 변화를 가져온 흔적이 보인다. 하나의 예로 무관들은 남철릭에 흰 끝동이 없었는데, 무巫에서는 흰 끝동을 달아 입고 있다. 이것을 무에서 '백수 한삼이 달렸다'라고 말하며, 무관의 옷이 아닌 춤출 때 입는 옷이라는 의미에서 '신의 옷'이라 하여 우리의 백의민족을 상징한 것이라고도 한다. 이러한 무복은 무당 신화의 주술성도 띠고 있으며 연기용 의상의 성격도 띠고 있다. 무당들은 무복을 직접 만들어 입고 있으며 옷 입는 법도 일반 여성들과 다르다. 우선 기본 무복으로 남치마를 입는 것이 원칙이며, 여성 무당인 경우 치마를 오른쪽으로 여며 입고, 남성무당은 흰 치마를 속에 입고 그 위에 다시 홍치마를 입으며 세 번째로 남치마를 입는데 왼쪽으로 여며 입게 되어 있다. 반면에 저고리는 젊은 층에서는 연두저고리에 붉은 고름을 달아 입었으며, 중년층과 노년층에서는 점잖은 색으로 입었는데 중년층에서는 붉은 자주, 노년층에서는 검은 자주의 고름을 달아 입었다고 한다. 그러나 요즘은 무녀의 평복을 그대로 입고 있으며, 필요한 부분에서만 남치마를 위에 걸친다. 한편 무녀가 세 바탕에 제옷고름을 달아 입었을 경우는 과부의 표시이며, 남끝동을 달아 입은 무녀는 자식이 있다는 표시이고, 끝동을 달지 않았을 경우는 자식이 없다는 표시이다. 딸만 있을 경우는 끝동을 달지 않았는데 여기서 자식이라 함은 아들을 말하는 것이다.

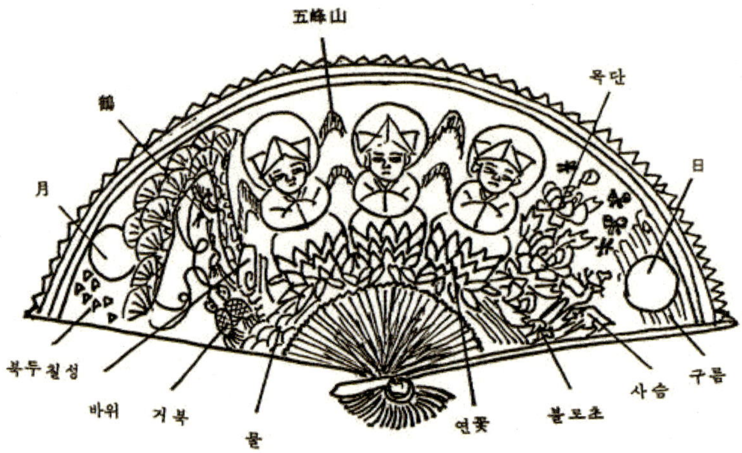
五峰山
목단
鶴
日
月
북두칠성
바위
거북
물
연꽃
불로초
사슴
구름

부채

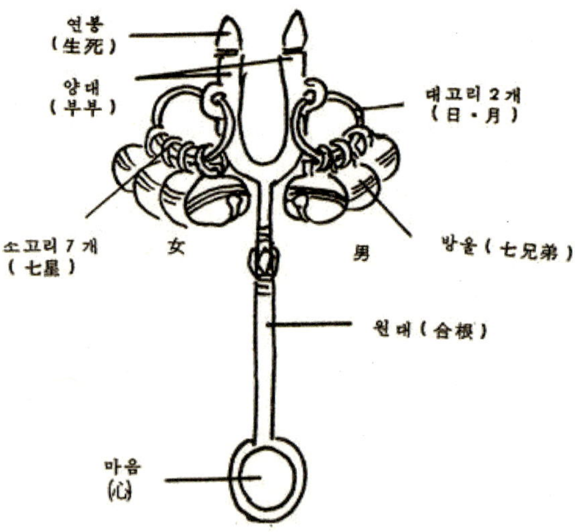
연봉
(生死)
양대
(부부)
대고리 2개
(日·月)
소고리 7개
(七星)
女
男
방울(七兄弟)
원대(合根)
마음
(心)

방울

신장기, 창, 칼, 무복[27]의 옷소매나 옷자락을 잡고 춤을 출 때 태극 문양의 동작선으로 물결치듯이 퍼져나가면서 굿터나 굿상 또는 무당 자신을 감싸고 돌며 춤추는 것이 특징이다.

3. 진오귀굿의 발동작

무당의 발동작은 ▷◁ ◇ ㅡ ㅣ ㅇ W ∪ 등의 형태로 다양한 동선을 그린다. 무당이 접신을 위해 도무蹈舞할 때는 반드시 뛰기 직전에 '위' 소리를 내면서 좌측으로 360도 빠른 속도로 돌아 제자리로 들어가면서 뛴다. 뛰는 것이 끝날 때도 역시 '위' 하면서 좌측으로 360도 돌아서 두 발을 모은 다음 장구와 등진 자세로 공수를 준다.

무당이 접신하기 위해 뛰는 도무는 발뒤꿈치만 살짝살짝 들면서 뛰는 법, 바닥에서 발이 조금 떨어지는 중간 정도로 뛰는 법, 발이 완전히 떨어지는 본격적인 뜀으로 나누어볼 수 있다. 신장거리, 대감거리, 영실, 사재 등의 절차에서는 본격적으로 뛰고, 조상거리나 창부거리에서는 중간 정도로 뛰며, 마누라거리, 별상거리, 물구가망, 물구말명, 시왕가망, 시왕말명에서는 발끝만 살짝살짝 들면서 뛰고, 바리공주가 도령을 돌 때는 전혀 뛰지 않는다.

무녀가 뛸 때는 두 발을 동시에 제자리에서 뛰는 법, 발 하나 정도의 간격으로 삼각형을 그리면서 옮겨 뛰는 법, 한 발씩 교대로 바꿔가면서 뛰는 법이 있다. 이때의 팔동작은 옆으로 들어서 안으로 끌어당기는 것처럼 동작한다. 팔을 편 채로 앞으로 반원을 그리면서 얼굴 앞까지 가져온 다음 앞으로 뿌린다. 이때 팔동작은 8자 모양의 곡선을 그리면서 에스자 형태의 동선으로 춤을 추게 된다.

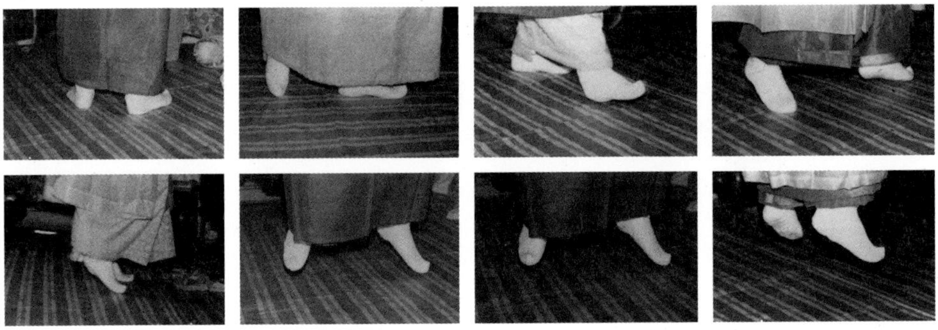

두 발로 선 자세에서 발짝을 디디면서 차츰 높이 뛰는 발동작

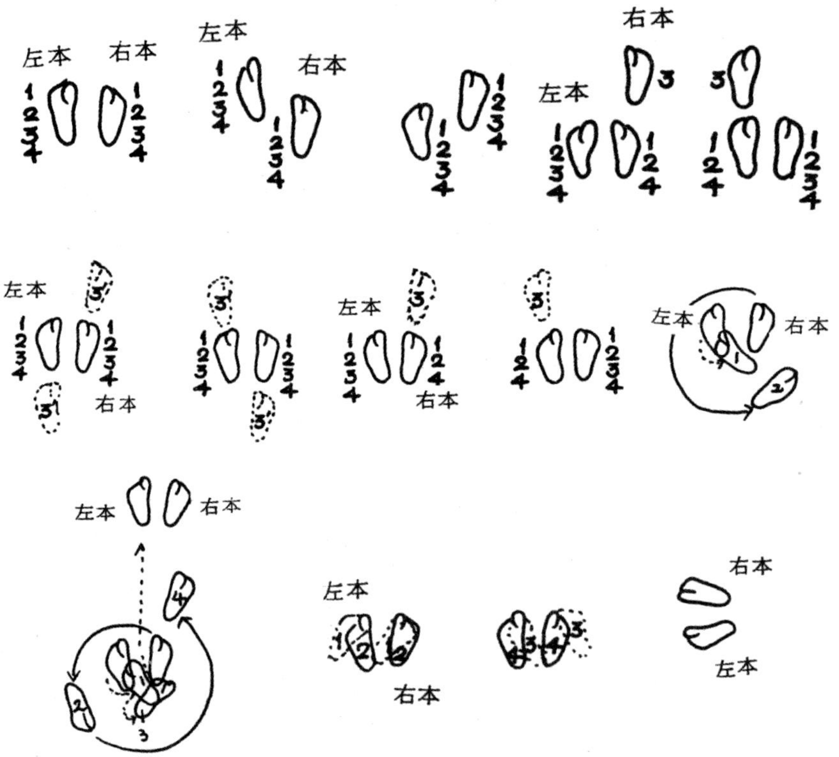

무녀가 입신을 위해 도무하는 발동작

4. 진오귀굿 춤의 특징

1) 진오귀굿의 춤사위를 살펴보면, 무인 집단에서 준수되는 엄격한 절차에 의해 습무를 하기 때문에 춤의 자세가 반듯하며 제반 동작이 근엄하고 진중하다.

2) 구성이나 내용과 동작이 복잡하지 않고 단순하면서도 제한된 공간 안에서 각각의 절차에 맞는 춤이 무리 없이 진행된다.

3) 각 거리의 특성에 따라 춤이 다양하고 섬세하며 세밀하다. 어깨춤에는 한민족의 토착적인 멋이 충분히 흘러넘친다. 뿐만 아니라 무녀들의 동작이나 표정에는 다분히 연극적인 요소가 풍긴다.

4) 무당 자신의 정신 통일을 위한 수단으로 부채를 사용하고 있으며, 춤을 출 때 '하하, 허허, 호호, 후후, 엇수구나 엇수….' 등의 소리로 호흡 조절을 한다.

5) 엄격한 절차 속에서도 형식에 얽매이지 않고 자연스럽게 신행하는 무녀의 춤은 호소력을 지니고 있어 구경꾼들을 적극적으로 굿에 참여시킨다.

임학선의 한국춤 斷想 1985
한국춤의 현대적 과제

"古代 한민족의 춤은 생존 · 종족 보존 본능에서 표출
한국무용의 현대화·한국적 특성 살려 민족성 뛰어넘는 세계성 추구해야
전통무용 전승은 단순한 재현 아닌 발전되고 시대에 맞는 표현으로…"

I

우리 민족은 삶을 몸으로 표현할 줄 아는 사람들이었다. 남달리 춤을 좋아했던 고대 우리 민족의 춤은 생존과 종족 보존의 표현으로 하늘에 제사 드리는 내용이었다.

이 글은 1985.6.12 수원대학교 신문에 소개된 글을 수정한 것임.

인간의 가장 원초적인 몸동작으로부터 시작된 무용은 인류 역사와 더불어 예술무용으로 변화 발전을 이루게 되었다. 무용은 인간이 집단으로 취락생활을 시작하면서부터 자연에 대한 외경과 공포에 본능적으로 대처하기 위해 행하였던 원시 의식에서 비롯된다. 토테미즘이나 샤머니즘과 매우 밀접한 관계를 지니며 생성되었다고 볼 수 있는데, 이 같은 관점에서 보면 한국무용의 발생 또한 단군 이후 각 촌락에서 신단에 제사하는 의식에서 비롯되었다고 할 수 있다.

예로부터 달이 밝은 대보름이라든가 추수 후, 모든 백성이 한곳에 모여 밤낮을 가리지 않고 술을 마시며 노래하고 춤을 추었다. 춤과 노래로 하늘에 감사드렸던 예의 무천, 고구려의 동맹, 부여의 영고 등이 국가적인 차원에서 이루어진 제천의식이다. 하늘을 우러러 춤추고 하늘과 더불어 춤춘다는 무천은 하늘을 섬기던 우리 민족이 추수의 감사와 씨를 뿌리는 봄을 맞는 기쁨을 제사 드렸다는 깊은 뜻이 담겨져 있다고 한다.

이 같은 무용은 개인 중심이 아니라 집단적인 군무로 행해졌다. 집단적으로 행해진 음주가무가 지니는 의미는, 춤의 그 황홀경 속에서 하늘과 더불어 하나 되어 절대자인 신을 몸에 받아들이는 기쁨을 만끽하고자 하는 것이었다. 결국 천인합일을 이루기 위한 궁극적인 목적은 풍요로운 삶을 창조하기 위한 것이었다. 우리 민족은 이 같은 요인을 기반으로 하여 끊임없는 외부의 침략으로부터 삶을 지키기 위한 생존 유지, 나아가 종족 보존 본능의 표현으로 하늘을 향해 노래하며 제사를 올리는 내용의 춤을 추었던 것이다.

생존과 종족 번영을 위한 하늘, 즉 신에게 바친 춤과 노래는 고대 우리 민족의 국가 성립 기반이 되었고, 바로 이러한 정신 아래 수천 년의 오랜 세월을 통해 우리 민족의 핏속에 춤에 대한 애정을 심어주었다. 그것이 점점 인생을 몸으로 고백하는 영혼의 예술로 발전하게 되었다. 무용이 형식을 갖춘 춤의 개념으로 인식되기 시작한 것은 삼국시대 이후로 보아야 할 것이다. 부족국가에서 즐겼던 집단적인 가무의 형태는 삶의 현장 그 자체였기 때문에 완전한 격식을 갖추지는 못했을 것이다. 국가체제를 이루는 시기에 이르러서야 비로소 형식과 격식을 갖추는 무용의 체계를 이룰 수 있게 되었다고 본다.

삼국시대는 미술, 음악 등 다른 분야의 예술과 마찬가지로 예술 전반에 걸쳐 상당한 수준을 지녔던 것으로 조사된다. 이때부터 외래문화가 중국이나 서역에서 들어오게 되고, 다시 이것이 토속적인 우리 고유의 정서와 조화를 이루면서 우리만의 독창성을 유지하는 단계로 발전된 것이다. 삼국시대에 이르러 무용문화가 형성되었다고 볼 수 있으며 특히 불교문화의 전래는 큰 영향을 미쳤다.

그 후 고려시대에는 궁중무용이 창출되었을 뿐만 아니라 흥겨운 민간무용이 성행하여 우리의 자랑스러운 전통문화의 토대를 이루었다고 볼 수 있다. 이러한 민간무용의 발달은 가무백희歌舞百戱의 산실이었던 팔관회의 거행으로 말미암아 가속화되었다. 조선시대에 이르러 숭유억불崇儒抑佛 정책으로 불교문화는 쇠퇴하고 유교문화를 수용하는 변화를 맞기에 이른다. 유교를 기반으로 한 조선시대의 문화예술 사업이 본격적으로 이루어지게 되었다. 이에 힘입어 궁중 아악과 더불어 궁중무용이 체계화되는 전기를 맞게 된다. 이에 따라 궁중무용은 품격과 형식미를 갖추는 예술로 발전을 이루어 찬란한 부흥기를 맞게 되었다.

Ⅱ

우리춤은 즉흥적이며 자유분방한 춤으로, 땅에 뿌리를 두고 점차 하늘로 솟아오르는 하늘 지향적이고 천상적인 춤이라 할 수 있다.

한국무용은 크게 전통무용과 창작무용으로 구분 지을 수 있다. 궁중을 중심으로 행해지던 정재呈才와 민간에서 전래된 민속무용을 오늘날의 창작무용과 구분지어 전통무용이라 부르고 있다.

정재라고도 일컬어지는 궁중무용은 그 종류가 수십 종에 달한다. 궁중무용에 있어서 특기할 사항은 개인의 감정이나 정서의 표현이 강조되었던 것이 아니라, 개국의 위업을 기리고 왕실과 국가의 태평성대를 축원하는 내용으로 만들어졌다는 점이다. 궁중을 중심으로 발전된 춤이기 때문에 완벽한 세련미와 형식미를 갖추고 있다. 복식이 화려하고 춤이 장중한 궁중무용은 춤의 이름에 의미와 내용이 담겨 있듯이 춤동작 또한 그 의미를 섬세하게 표현한 것이라고 할 수 있다.

반면, 서민 대중의 세시풍속에 깊이 뿌리를 내리고 오랫동안 성장하여 발달해온 민속무용은 소박한 생활감정을 표현하고 있으며, 춤의 내용이 풍자적이고 해학적인 면이 많은 것을 특징으로 들 수 있다. 민중들과 함께 자연발생적으로 생겨난 민속무용은 각 지역마다 조금씩 다른 차이를 보이고 있으며 자유분방함을 표현한 독특한 춤이라고 할 수 있다.

민속무용 중에서 가장 대표적이라 할 수 있는 승무와 살풀이가 있고, 농악과 강강술래와 같은 향토 색채를 지닌 집단 군무적인 성격의 춤, 그리고 산대놀이 계통의 탈춤과 종교의식의 무속춤으로 강릉별신굿과 도당굿 등이 있다. 불교의식의 작법으로 이루어진 춤 그리고 궁중정재가 민간으로 흘러나와 변형되어 전승되어온 진주검무와 통영승전무는 그 춤의 이름에서 지명이 말해주듯 각 지방에 흩어지면서 독특한 특성이 더해졌음을 짐작하게 된다.

동양과 서양의 전통무용을 비교해보면 서양의 클래식무용이 합리성과 테크닉의 과학적인 면을 갖고 있는 반면, 동양의 전통무용은 정신적인 면에 더 치중했다. 우리의 무용은 영적인 면을 강조하여 정신적으로 기도하고 갈구하는 선의 자세로 내향성의 발전을 이루었다고 할 수 있으며, 정신적 기조에서 성숙되어온 춤이라 할 수 있다.

우리춤을 느리고 정적인 것으로만 보기 쉽다. 그러나 우리춤은 오히려 발랄하고 생동감이 넘치는 동적인 춤이 각 지역에 넓게 퍼져 있었다. 고구려시대의 춤은 남성적이고 활달한 춤이었으며, 각 지역에 분포되어 있는 탈춤의 춤사위는 너무도 대담해서 오늘날의 기법을 뛰어넘는 것이 많다. 또한 우리춤은 다 같이 춤추며 보고 즐기는, 즉흥적이고 자유분방한 춤이다. 흥이 절정에 오를 때는 땅의 기운이 몸을 타고 흐르며 그 표현이 가슴과 어깨로 집중되어 죄고 푸는 멋을 마음껏 드러내는 흥겨운 춤이다. 이 같은 우리춤은 땅에 굳건한 뿌리를 두고 점차 하늘로 솟아오르는 하늘 지향적이고 천상적인 춤이라고 할 수 있다.

Ⅲ

한국춤의 현대화라 하여 정신적인 근거를 배제한 채 형태미만을 추구하는 것은 바람직하지 못하다.

동서양을 막론하고 전통무용의 형태에서 또 다른 형태로의 발전된 무용의 출현은 당연한 귀결일 것이다. 서양의 경우 현대무용의 발생이 정통 발레 기법의 한계성 때문에 자연스럽게 출현했듯이, 한국무용도 이와 마찬가지로 역사의 흐름 속에서 새로운 형태의 무용이 등장하는 것을 거부할 수 없을 것이다.

지금까지의 우리 무용을 역사적 맥락에서 볼 때, 전통무용만을 중시하던 시대에서 신무용의 등장이라고 하는 새로운 시대를 맞이하여 반세기가 흘렀다. 지금의 이 시기는 또 다른 형태와 형식의 무용이 요구되고 있는 상황으로 젊은 무용가들에 의해 그 움직임이 조심스럽게 일어나고 있다.

하늘을 섬기는 제사의식으로부터 비롯된 전통춤에는 우리가 간과해서는 안 될 법도가 담겨 있다. 그 법도를 일일이 알 수는 없지만 그 정신을 되찾는 일이 매우 중요할 것으로 생각된다. 아무리 훌륭한 전통무용이라 할지라도 단순히 전통 그 자체에만 머물러서는 안 될 것이다. 전통의 바람직한 보존은 물론 전통의 창조적 가치를 창출할 수 있는 방향의 모색이 필요할 것이다. 그러나 한국춤의 현대화라 하여 서양의 기법만을 도입하거나 형식미만을 추구하는 것은 바람직하지 못하다.

우리의 옛 선조들은 외래의 무용을 받아들이면서도 신중을 기했다. 우리의 무용이 끊임없이 변화 발전되면서 다져지고 그 폭을 넓혀가는 넉넉한 바탕 위에서 외래적인 것을 적극 수용함으로써 오히려 우리 무용의 발전에 긍정적이고 창조적인 작용을 하게 되었다.

하나의 예술작품을 놓고 볼 때, 위대한 예술은 기교로써만 이루어진 예를 찾아보기 힘들듯이 그 기교 위에 정신적인 아름다움과 가치가 더해져서 예술작품이 창조되는 것이다. 한국인은 합리주의 이성보다 감성에 충실해왔다. 그 감성은 오랫동안 내려온 무속이나 유·불교 그리고 최근 기독교 문화까지 아우르게 되었다. 이렇게 굳건한 정신적 배경을 지니고 있기 때문에 한국무용의 세계화를 향한 창조적 가능성은 충분하다고 여겨진다. 때문에 한국무용에 대한 새로운 시각과 접근방법이 절실하게 요구된다. 전통무용을 공부하고 그 진수를 익히는 노력과 함께 기존의 고정관념의 틀 속에서 보다 자유로워질 수 있는 유연한 생각이 필요한 것이다.

오늘날 한국창작춤으로 통칭되는 '우리 시대의 춤'을 만들어내려는 창조의 시도는 작가정신의 문제와 전달매체의 문제가 대두된다. 어떤 춤사위로 무엇을 어떻게 표현하느냐 하는 중요한 문제가 바로 그것이다. 시대에 걸맞는 춤의 이념 정립에서부터 춤사위와 음악, 의상, 무구 활용 등 실질적인 작업의 수행에 이르기까지 많은 문제가 있다. 전통과 현대 그리고 전통 수용의 한계와 방식에 있어서도, 우리 것이라는 개념의 설정과 보편성과 특수성 혹은 세계성과 민족성 등의 문제를 생각하게 된다.

한국무용을 현대화하는 작업에 있어서, 한국적 특성을 지켜 나가면서 세계적인 보편성을 획득해 나갈 수 있겠는가라는 문제에 부딪치게 된다. 전통적인 것은 민족적인 특성과 결부된다. 그러나 새로운 형태나 형식이 창조되면 그때는 민족성이라고 하는 특성이 희박해지기 쉽기 때문에 그 특성을 잘 살리되 그것을 뛰어넘는 방법이 어떤 것인지 고민해야 하는 새로운 문제를 낳게 된다.

서양 사람들은 한국 예술의 아름다움을 우리와는 다르게 느낄 것이다. 그만큼 예술에 대한 개연성에 차이가 있는 것이다. 이 말은 곧 개별성과 독자성의 차이로서 이제 여기에서 좀 벗어나야 할 것으로 본다. 현대예술이 유니버설리즘으로 표현되고 있듯이 새로운 문화를 창조함에 있어서 외래문화와의 수용이라고 하는 만남과 충돌, 그리고 화합하면서 제3의 것을 창조해가는 것이다. 외래문화와의 충돌로 생기는 반작용 때문에 당분간 혼돈은 있겠지만 그것은 어느 정도 시간이 지나면서 혼돈을 넘어서게 되어 세계 문화 창조에 이바지할 수 있을 것이다. 여기에서 중요한 것은 유니버설한 것을 추구한다고 해서 한국의 특성을 간과해서는 안 된다는 것이다.

오늘 우리를 표현하는 한국무용 언어가 어디에 근거를 두고 어떻게 개발할 것인지에 대한 문제가 중요할 것이다. 바람직하고 풍부한 한국무용 언어가 개발된다면 현대 한국무용의 한 갈래로서 독자성과 세계성을 아우르는 것이 될 것이다.

Ⅳ

전통무용에 대한 올바른 인식과 이해를 통해 오늘날 우리의 삶이 어떤 정신적 유대로 연결돼야 할지 고심해본다.

역사의 흐름과 함께 문화도 자연스럽게 변화한다. 우리의 전통무용도 보다 세련되게 변화하고 있음은 당연한 일일 것이다. 현대를 사는 우리에게 전통무용의 연구는 매우 중요하다. 미래지향적인 우리춤의 창조를 위해서는 전통에 기반한 방법론을 모색하는 것에서 비롯되어야 할 것이다. 모든 예술이 그렇듯 무용은 인간과 사회 그리고 문화 안에서 펼쳐지는 시공간의 흐름에서 싹트는 것이기 때문이다.

일찍이 그 시대의 사회적 배경을 떠나서 생겨난 예술은 없었다. 참다운 춤을 보는 식견은 무용예술이 생겨난 동기와 형태, 그리고 나아가 그 발전된 흐름을 처음부터 더듬어봄으로서 그 생성 발전의 요인을 정확히 파악하는 데서부터 출발해야 할 것이다. 전통을 통해서 정확히 역사를 보는 눈과 틀을 정립함으로써 미래를 향해 한 발 더 나아갈 수 있는 바탕을 얻게 될 것이며, 눈앞에 놓인 실천과제를 바르게 해결하고 이끌어갈 수 있는 힘을 얻을 수 있을 것이다.

최근 들어 한 가지 아쉬운 점은 세월을 거듭하면서 그 훌륭한 춤을 재현하였던 명무가 점점 사라져가고 있다는 사실이다. 손 하나만을 들고 움직이지 않아도 온 우주가 한곳에 머무는 것과 같은 공력이 담긴 춤을 보기 힘들어졌다. 이 같은 상황은 서양적 의미의 테크닉 위주의 춤으로 전이되어가고 있지 않나 하는 아쉬움을 더해주고 있다.

오늘날 전통무용을 이해하고 재평가하는 시도는 우리의 원초적이고 중심적인 삶의 양식을 파악하는 작업의 일환이라고 할 수 있다. 이는 단순히 우리 것에 대한 새로운 인식에서 끝나는 것이 아니라 전통에 대한 올바른 인식과 이해를 통하여 오늘 우리 삶과 어떤 정신적 유대로 연결되고 있는지 파악하는 데 그 중대성이 있다.

그렇게 함으로써 다양한 체험을 통한 실존적인 맥락을 찾게 되고, 내일의 우리 문화예술에 대한 위대한 창조를 가늠하게 될 것이다. 때문에 한국무용의 현대화 작업은 전통에 담겨진 독창적인 요소를 가려내는 일부터 시작하여 이 시대 조류에 맞는 세계적인 것이 되어야 할 것이다. 또한 민속적인 소재와 현대적인 소재, 서구적인 색채, 구조 등을 잘 조화시킬 수 있다면 그것이 바로 세계화로 가는 길이라고 생각된다.

옛것을 전승하고 보존하는 전통의 가치는 단순한 재현이 아니라 정신적 가치를 아우르는 것이어야 할 것이며, 또 다른 차원에서 그 재현을 능가하는 발전되고 시대성에 맞는 표현이 따라야 할 것이다. 그러기 위해서는 현장 중심으로 이루어지는 한국무용을 학문화하고 정립하여 많은 사람들이 함께 즐길 수 있는 무용으로 승화시켜야 할 것이며, 이 시대의 새로운 춤을 창출하기 위해 우리의 정서를 담은 독창적인 표현 언어로 동시대를 대비해야 할 것이다.

2. 태극구조기본춤 연구

名舞 한성준의 춤구조 연구를 기반으로 한 태극구조기본춤

Korean Dance of Dots, Lines and Circles

名舞 한성준의 춤구조 연구를 기반으로 한

태극구조기본춤 고안

〈태극구조기본춤〉은 「名舞 한성준의 춤구조 연구」의 이론적 기반을 토대로 하여 창안한 기본춤이다. 한성준춤의 연구는 한국춤의 원리와 구조를 분석하고 태극구조로 형성되는 한국춤의 기본틀을 규명하는 것이 큰 과제였다. 이를 규명하기 위해 한국춤의 호흡을 표기할 수 있는 호흡표기법을 고안하여 춤사위를 분석하고 호흡과 동작과의 상관관계를 분석하였다. 그리고 칸딘스키의 점·선·면 이론을 차용하여 '점·선·원'의 동작선 구조를 추출하게 됨에 따라 한국춤의 구조를 밝히게 되었다.

이 글은 임학선 한양대학교 박사학위 논문 「名舞 한성준의 춤구조 연구」(1999. 2)를 참조한 글이다.

「名舞 한성준의 춤구조 연구」는 춤사위 분석을 통해 한국춤 구조 분석을 시도한 논문이다. 국가무형문화재로 지정되어 있는 한성준의 춤을 대상으로 태극구조로 형성되는 '한국춤의 기본틀'을 규명하는 것이 큰 목적이었다. 한성준의 〈승무〉와 〈태평무〉의 춤사위 분석을 통해 한국춤의 대표적인 또는 특징적인 춤사위, 춤기법, 동작선, 호흡을 찾아보고, 또 그것들이 서로 어떤 상관관계를 지니고 있는지 알아보고자 하였다. 춤사위 구조 분석을 위해 '호흡표기법'을 고안하여 호흡과 춤동작, 춤기법, 동작선의 관계를 분석하였다.

1. 한성준의 춤구조

한국춤은 호흡으로부터 시작된다. 호흡[1]은 힘의 원천으로 춤에서 필요한 에너지는 호흡으로부터 얻어지게 된다. 춤의 호흡은 일상적인 호흡과 차이가 있다. 그것은 일상생활에 필요한 호흡과 춤을 출 때 무용수가 필요로 하는 호흡이 서로 다르다는 의미이다. 일상생활에서 누구에게나 필요한 생리적 현상의 호흡은 '습관적 호흡'이고, 무용수에게 필요한 호흡은 춤을 출 때 의도적으로 호흡에 변화를 유도하여 얻어지는 '리듬호흡'[2]이다.

일상적인 호흡은 특별한 이유가 없는 한 숨을 멈추거나 그 밖에 다른 방법으로 호흡하지 않는다. 누구나 습관적으로 들이쉬고 내쉬는 호흡을 일률적으로 지속하게 된다. 반면 리듬호흡은 춤동작 수행 시 들이쉬고 내쉬는 호흡뿐만 아니라 멈추는 호흡을 의도적으로 유도하게 된다. 춤을 출 때 무용수는 호흡을 길거나 짧게(시간), 크거나 작게(공간), 강하거나 약하게(힘) 변화를 유도하게 되는데 그 변화에 의해 호흡에 리듬이 만들어진다.

이 같은 리듬호흡은 다양한 춤동작을 만들어낸다. 춤동작이 만들어지는 과정에서 춤기법이 생겨나고, 그 춤기법에 의해 동작선이 공간에 남겨지고, 그 공간에는 무형의 동작선이 하나의 작은 점으로 남겨진다. 그 점은 생명의 근원인 '태초의 점'이다. 아주 작은 점의 미세한 움직임은 발(발바닥)–무릎–허리–몸통–어깨–머리끝

---

1. 인간은 끊임없는 세포의 대사 작용에 의해 생명 현상을 유지하게 되는데, 이러한 세포의 대사 작용에는 산소가 형성된다. 따라서 세포가 생존하고 항상성이 유지되기 위해서는 계속적인 산소의 공급과 이산화탄소의 배출이 이루어져야 하며, 이러한 산소의 공급과 이산화탄소의 배출은 순환기계의 도움으로 호흡기계(코, 입, 폐)에서 이루어진다. 이렇듯 생체가 산소를 얻고 이산화탄소를 배출하는 것을 '호흡'이라 한다.
2. 임학선 리듬호흡

과 손끝까지 전달되며 점에서 점으로, 그 점은 더욱 많은 점으로 이어지면서 동작선으로 남겨진다. 육안으로 드러나지 않는 마디마디의 움직임은 호흡의 시작과 함께 발바닥에서 손끝까지 그리고 다시 제자리로 돌아가면서 호흡을 마무리하게 되고, 또다시 시작되는 호흡은 같은 원리로 이어진다. 그것은 곧 점에서 선으로, 선에서 원으로, 원에서 다시 점으로 되돌아가는 '점선원점'의 순환구조로 이루어지게 된다. 즉 시간, 공간, 힘의 유기적인 관계하에서 작은 점이 선으로 극대화되었다가 다시 점으로 되돌아가는 원리인 것이다. '태극太極이 무극無極'이라는 원리와 같은 이치이다. 이렇듯 춤의 동작선은 점선원점으로 이어지면서 무형으로 공간에 남게 되는데 그 상징선은 태극구조를 이루게 된다.

흔히 한국 예술의 특징은 선에 있다고 말한다. 선의 아름다움은 비단 춤동작뿐만 아니라 우리 민족의 생활용품이나 기와집 지붕의 선, 한복의 소맷자락과 버선의 선 등에서도 엿볼 수 있다. 무용수가 춤을 추면 다양한 형태의 동작선이 공간에 그려지는데 동작선은 몇 개의 소단위 동작들이 모여 이루어지게 된다. 이 과정에서 무형의 선으로 공간에 그려지는 선은 점선원으로 이어지면서 무한한 변화를 이끌어내게 되는 것이다.

20세기 초 화가 칸딘스키는 그의 저서『점선면』에서 회화적인 입장에서 점과 선의 관계를 설명하고 있다. 점과 선은 눈에 보이지 않는 본질로서 선은 점이 움직여 나간 흔적이며 정적인 것이 역동적인 것으로 비약하게 된다고 하였다. 외부의 힘이 점을 한 방향으로 움직이게 하면 그 선은 곧바로 뻗어 무한히 움직이는 직선이 된다. 곡선은 원래 직선이지만 측면의 억누름에 의해 직선운동의 방향에서 벗어나게 된 것으로, 억누름이 크면 클수록 직선으로부터의 이탈이 커져 마지막에 스스로 폐쇄하려는(원이 되려는) 경향을 띠게 된다고 한다. 그러므로 점은 시간적으로 가장 간결한 형태이며, 직선은 무한한 움직임의 가능성을 가진 가장 간결한 형태라고 보았다.

칸딘스키의 점선면을 점선원으로 이해하였다. 그것은 회화의 이론을 무용학적으로 이해한 것으로, 캔버스의 '면'을 무용공간의 '원'으로 해석한 것이다. 이에 따라 점선원점으로 이어지는 태극구조의 순환구조를 밝히게 되었다. 한성준의 춤구조 연구에서 호흡에 의해 형성되는 춤사위, 춤기법, 동작선의 유기적인 관계성을 규명하여 한성준의 춤구조를 분석하고 이를 통해 태극구조의 한국춤 기본틀을 세우게 되었다. 그것은 필체·학체·궁체의 춤사위 유형 구조, 맺음·어름·풀음의 춤기법 구조, 점·선·원의 동작선 구조, 들숨·날숨·멈춤의 호흡 구조이다. 필체는 맺음기법에 의해 점으로, 학체는 어름기법에 의해 선으로, 궁체는 풀음기법에 의해 원으로 완성을 이루게 되는 구조이다.

	춤사위 구조	춤기법 구조	동작선 구조	호흡 구조	기본틀
하체 중심	필체	맺음	점	멈춤	.
몸체 중심	학체	어름	선	들숨	–
상체 중심	궁체	풀음	원	날숨	☯ (태극)

한성준의 춤구조

태극구조기본춤의 기반이 되는 한성준의 춤구조 연구는 모두 4단계의 과정으로 진행되었다. 1단계 연구는 한성준의 승무와 태평무의 춤사위를 분석하는 것이었다. 승무와 태평무의 춤사위 중에서 예로부터 전해지는 춤사위를 추출하여 분석한 결과, 필체·학체·궁체의 춤사위가 대표적으로 축을 이루고 있음을 알 수 있었다. 필체는 붓글씨체를 동작으로 형상화한 춤동작이며, 학체는 학의 모습을 형상화한 춤동작이고, 궁체는 활의 모습을 형상화한 춤동작이다. 필체는 한국춤의 정신을, 학체는 우리 인간이 표현해낼 수 있는 모든 감정을, 궁체는 동작의 완성을 이루는 것을 의미한다. 2단계에서는 춤기법을 조사하였다. 다양한 춤기법 중에서 맺고 어르고 푸는 춤기법이 가장 특징적인 춤기법임을 파악할 수 있었다. 3단계는 춤사위와 호흡의 관계를 분석하는 것이었다. 들이쉬고 내쉬고 멈추는 호흡을 객관적으로 표기할 수 있는 호흡표기법을 고안하여 연구에 적용시킴으로서 호흡과 춤사위의 상관관계를 규명할 수 있었다.

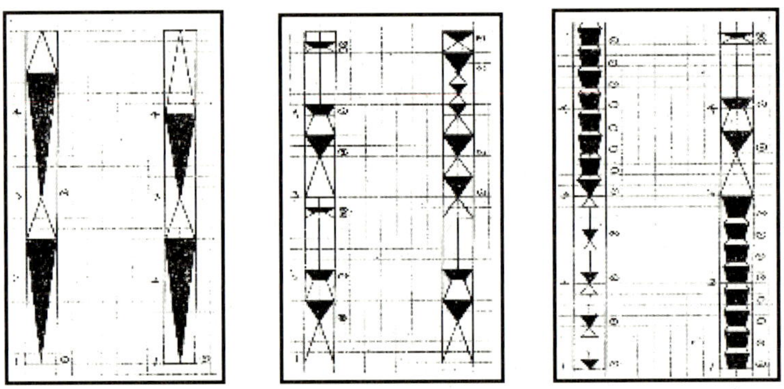

호흡표기법 : 검은색은 들숨의 부호이고 백색은 날숨의 부호임

마지막 4단계가 가장 풀리지 않는 동작선 연구였는데 칸딘스키의 이론에서 아이디어를 얻어 한국춤 동작선 구조의 이론적 토대를 세우게 되었다. 칸딘스키의 점선면 이론을 차용하여 얻은 결과가 바로 점선원의 구조를 이루는 한국춤의 동작선이다. 이 같은 과정을 통해 태극구조의 한국춤 기본틀을 세울 수 있었고, 그 연구 결과를 토대로 고안된 기본춤이 바로 〈태극구조기본춤〉인 것이다.

2. 태극구조기본춤의 구조

1) 필체·학체·궁체의 춤사위 유형 구조

한국춤의 춤동작은 필체·학체·궁체의 춤사위가 핵심이다. '필체'는 붓글씨를 쓰듯 점을 찍고 그리고 당기고 흘리는 필법의 의미성을 부여한 춤사위이다. 서예의 자세와 서도의 경지를 느끼며 글자를 하나하나 완성해가듯 고도의 집중을 요하는 동작으로 필체는 한국춤의 정신적 기반이 되는 춤사위이다. '학체'는 학이 비상하기 위해 날갯짓을 하듯 인간 내면의 다양한 감정을 담아낸다. 전통춤에서 가장 많이 사용되는 춤사위이다. 또한 '궁체'는 활 모양처럼 팔을 둥글게 만든 형태의 동작으로 '활체'라고도 한다. 활을 형상화한 궁체는 활을 끌어 당겨서 마지막 순간에 쏘아 올리면 활쏘기가 끝나듯이, 필체로 시작되는 춤사위가 학체와 궁체로 이어지면서 완성을 이루게 되는 춤사위이다.

2) 맺음·어름·풀음의 춤기법 구조

한국춤의 기법은 매우 다양하다. 가장 기본이 되는 맺고 어르고 푸는 기본기법 외에 밀고, 당기고, 누르고, 지숫고, 찍고, 꺾고, 튕기고, 구르고, 치고, 떨어지고, 흔들고, 차고, 뛰는 등의 다양한 기법이 있다. 맺고 어르고 푸는 기법에서 '맺음'은 순간적으로 멈추는 정지 상태의 동작을 말하는 것으로, 숨을 들이쉬면서 멈추는 멈춤호흡에 의해 이루어진다. '어름'은 숨을 들이쉬는 들숨 상태의 동작을 말하는 것으로, 숨을 들이쉬면서 이어지는 들숨 상태에서 몸의 움직임으로 표현된다. '풀음'은 숨을 내쉬는 날숨 상태의 동작을 말하는 것으로, 한 호흡을 마무리하는 단계에서 이루어진다.

필체 유형인 '맺음'은 숨을 들이쉬어 멈춘 상태로 감정을 집중시키는 독특한 기법이다. 이는 시각적으로는 멈추어 있는 것처럼 보이지만 호흡의 흐름과 함께 춤이 계속 흘러가는 과정이다. 상승을 느낄 수 있는 움직임의 연속으로 무 동작 상태인 것처럼 보이는 순간 멈춤기법으로 동작과 동작 사이에서 이루어진다. 맺음기법의 동작은 숨을 죽이고 점을 찍듯이 가볍게 또는 무겁게 한 곳으로 집중시키는 성격을 갖는다. 그리고 외형적인 형태보다는 내적 호흡의 흐름을 중요시하는 기법으로 몸속 깊은 곳으로부터 끌어올려서 맺어주는 동작이 주를 이루게 된다. 이는 작은 점으로부터 무수히 많은 점으로 모아지는 과정에서 '동작의 여백미'로 표현된다.

학체 유형인 '어름'은 일정한 동작 속에 내재된 움직임으로 장식음과 같은 장식적인 요소가 된다. 어름형의 춤사위는 멈춤동작 상태를 미세한 움직임으로 점차 확장시켜 맺음과 풀음을 조절해주는 역할을 한다. 또한 맺음의 긴장 상태를 유연하게 풀어주기도 하고 고조된 감정을 진정시키는 역할을 하면서 다양한 멋을 내는 매우 기교적인 동작으로 이어지는 과정의 춤사위라 할 수 있다. 그러므로 동작과 동작을 연결해주는 기능을 지니며, 어름기법의 동작 상태에서는 무수히 많은 점들이 모여 직선과 곡선으로 이어지면서 '점과 선의 조화미'로 표현된다.

궁체 유형의 '풀음'은 미세한 움직임으로부터 시작하여 어름기법에 의해 점차적으로 상승된 움직임이 완성되는 단계이다. 완성 단계의 풀음은 가장 안정감을 주는 동작 형태이다. 풀음기법은 활시위를 당기는 정신 집중과 활을 쏘는 듯한 강렬함을 함께 보여주는 동작기법이다. 사방으로 감정을 발산하여 이른바 개방성과 자율성을 동시에 갖고 있는 동작으로 점과 선에서 원으로 마무리되는 기능을 지닌다. 이 과정에서 다양한 선을 창출해내는 '독특한 곡선미'로 나타나는 양상을 볼 수 있다.

3) 점·선·원의 동작선 구조

무용은 공간예술이다. 무용과 공간은 불가분의 관계에 놓여 있는데 춤동작에 의해 공간에 그려지는 동작선은 춤의 미적 특성을 결정짓는 중요한 요인이 된다. 한국춤의 동작선은 호흡에 따라 점에서 선과 원으로 변화하며 다양한 동작선으로 확대된다. '점'은 맺음기법 수행 시 호흡을 멈춤으로써 무형의 점으로, '선'은 어름기법 수행 시 숨을 들이쉬어 동작을 수행하는 과정에서 다양한 선으로, '원'은 풀음기법을 수행하는 날숨 상태에서 원으로 형성되며 동작의 완성을 이루어간다.

호흡에 따라 맺고 어르고 풀어내는 한국춤은 점으로부터 시작되어 직선과 곡선이 서로 반전하면서 유연한 선의 흐름을 엮어낸다. 이 흐름은 서로 자연스럽게 어우러져 원의 형태를 만들고 다시 점으로 되돌아가는 순환구조의 원리로 음양의 태극을 이루면서 공간에 형성되는 특성을 갖는다.

추상적인 사고나 상상 속에서 점이란 동그랗고 가장 작은 원이다. 점은 사실적인 형태로 나타날 때 한없이 다양한 형상을 취할 수 있으며 시간적으로 가장 간결한 형태를 이룬다. 선은 무한한 움직임의 가능성을 가진 가장 간결한 형태이고, 점은 멈춤에서, 선은 내적으로 움직이는 긴장에서 생겨난다. 원은 규칙적으로 움직인 점이 자연스럽게 만들어낸 형태인 것이다.

4) 들숨·날숨·멈춤의 호흡 구조

모든 생명체는 호흡을 한다. 다시 말해 호흡이 정지된 상태의 생명체는 더 이상 생명의 가치가 부여되지 않는다. 춤에서도 이와 마찬가지로 호흡에 의해 생명력이 부여된다. 무용동작의 원천적인 요소인 호흡은 활동과 멈춤이 교대로 일어난다. 호흡의 활동과 멈춤은 숨을 들이쉬고 내쉬고 멈추는 들숨·날숨·멈춤을 말하는 것으로 호흡에 의해 생기는 리듬 변화에 따라 춤의 생명력이 결정지어진다. 이 같은 호흡의 변화는 다양한 춤의 기교를 만들어내는 우리춤의 중요한 특성이라고 할 수 있다.

한국춤을 출 때는 복식호흡[3]이나 흉식호흡[4]을 주로 하게 된다. 태극구조기본춤의 호흡은 척추의 움직임을 기준으로 하여 직선호흡(ㅣ), 곡선호흡(S), 원형호흡(O)으로 이루어진다. 직선호흡은 척추를 수직(ㅣ)으로 만들어주는 호흡이고, 곡선호흡은 척추를 에스(S)자의 곡선으로, 그리고 원형호흡은 척추를 둥글게 원형(O)으로 만드는 호흡을 말한다. 이 3단계의 호흡에 의해 표출되는 춤동작이 점선원의 동작선을 만들어내게 되는 것이다.

---

3. 복식호흡은 횡경막에 의존하는 호흡을 말한다. 일반적으로 사람들은 복식호흡을 주로 하는데, 특히 무용수는 동작 시 폐에 많은 양의 산소를 채워 동작 리듬에 따라 호흡을 조절해야 하므로 복식호흡을 주로 한다. 이는 숨을 들이마시고 내쉬는 심호흡을 통해 습득할 수 있다.
4. 흉식호흡은 늑간근의 작용에 의존하는 호흡을 말한다. 폐에 들어 쌓여 있는 늑골에 부착된 근육의 움직임에 의하여 전후좌우의 방향으로 확대되거나 축소됨으로서 이루어진다. 흉식호흡은 복식호흡에 비해 호흡이 얕고 1회 호흡량이 적기 때문에 호흡수를 증가시키며, 복부근의 긴장이 약하거나 생활 습관상 허리를 졸라매어 복부가 압박되거나 임산부와 같이 폐가 압박되는 경우에 흉식호흡을 하게 된다. 흉식호흡은 호흡이 짧기 때문에 춤에서는 작은 동작 시에 사용되는 호흡이다.

3. 태극구조기본춤의 실제

1) 태극구조기본춤

태극구조기본춤은 1998년 새롭게 고안된 현대적 몸짓의 기본춤이다. 이 춤은 단순한 몸 만들기를 위한 춤이 아니라 호흡의 변화에 의해 다양하게 변화해 가는 한국춤의 기법과 동작을 보다 체계적으로 이해하고 습득할 수 있는 춤으로 춤 이론과 훈련법이 포함되어 있다. ①올바른 자세의 균형감각 ②복부·흉부·어깨·척추를 이용한 호흡감각 ③신체의 유연성과 근육의 강화 ④힘(에너지)의 적절한 이용과 처리 능력(긴장과 이완, 상승과 낙하) ⑤움직임의 원리와 호흡의 관계 ⑥호흡·춤사위·춤기법·동작선의 상관관계 등을 단계적으로 이해하게 되고, 그것을 통해 한국춤의 특성을 파악할 수 있다. 이는 효과적인 춤 학습과 훈련은 물론 스스로 자신의 춤을 교정할 수 있는 능력을 키워줄 뿐만 아니라 올바른 지도를 할 수 있도록 도움을 준다.

태극구조기본춤은 호흡에 의해 변화해가는 한국춤의 기법을 '척추'를 축으로 움직이는 필체, 학체, 궁체의 춤사위로 구성하여 춤동작과 춤기법을 체계적으로 습득하고 훈련시킬 수 있도록 하였다.

2) 태극구조기본춤의 구성

태극구조기본춤은 호흡 변화에 따라 변화되는 춤기법을 12단계로 구분하여 익힐 수 있도록 구성하였다. 1단계 숨 고르기, 2단계 끌어올리고 내리기, 3단계 맺고 풀기, 4단계 뿌리고 틀고 흔들기, 5단계 찍기, 6단계 돌리기, 7단계 밀고 당기고 누르기, 8단계 치고 떨어지기, 9단계 어르고 지숫기, 10단계 꺾기, 11단계 구르고 튕기고 뛰어오르기, 12단계 다시 숨 고르기 등이다. 태극구조기본춤의 구성 방향은 다음과 같다.

① 태극구조기본춤은 한국춤의 기법을 12단계로 구분하고, 각 단계별로 필체·학체·궁체의 춤사위를 다양하게 익힐 수 있도록 모두 36종의 춤사위 유형으로 구성하였다. 춤의 길이는 30분이다.

② 12단계의 춤기법은 모두 한국 전통춤에 근거하여 추출한 기법이고, 36종의 춤사위는 척추를 기준으로 하여 점-직선-곡선-원형으로 변화되어가는 움직임이다.

③ 춤사위의 구성은 몸 만들기에 필요한 가장 단순한 기법의 동작에서부터 기교적인 동작까지를 모두 익힐 수 있도록 단계적으로 구성 하였다.

④ 각 단계의 동작은 바른 자세와 균형감각을 이루는 데 도움이 되어 보다 안정된 동작 수행을 할 수 있도록 구성하였다.

3) 12단계의 태극구조기본춤

1단계 : 숨 고르기

'숨 고르기'는 몸풀이의 첫 단계로 들숨, 날숨, 멈춤의 호흡을 조절하는 기법이다. 복부로부터 시작되는 숨 고르기는 편안하게 앉은 자세에서 시작한다. 느린 호흡으로 서서히 에너지를 모아가면서 온몸에 기운이 퍼지도록 하여 유연한 몸을 만들어주게 된다. 척추의 움직임을 축으로 하여 직선호흡(|), 곡선호흡(S), 원형호흡(O)으로 구분되는데 몸을 바로 펴는 필체는 직선호흡, 몸을 에스자로 움직이는 학체는

춤기법 \ 동작 유형		필체筆體	학체鶴體	궁체弓體
1단계	**숨 고르기**	1단계~2단계 수직호흡 (태극점에서)	1단계~2단계 곡선호흡	1단계~2단계 원형호흡
2단계	**끌어올리고 내리기**	한 손 끌어올리고 내리기 양손 끌어올리고 내리기	학걸음 학날개 펴고 중심 잡기	활사위 돌리기 양팔 돌려서 힘 모으기
3단계	**맺고 풀기**	몸 사선 펴기 맺고 풀기	학 옆걸음 날개 펴기	나선형 돌리기
4단계	**뿌리고 틀고 흔들기**	위로 뿌리기	틀고 흔들기 앞, 옆, 위 뿌리기	겨드랑사위 뿌리기
5단계	**찍기**	발 찍기	손 찍기	양팔 돌려 찍기
6단계	**돌리기**	발 돌리기	팔(손목) 돌리기	어깨 돌리기
7단계	**밀고 당기고 누르기**	옆으로 밀고 당기기 하체 중심	옆으로 밀고 당기기 상체 중심	아래로 누르기 하체 중심
8단계	**치고 떨어지기**	치고 떨어지기	몸통 에스자 치기	어깨 치고 떨어지기
9단계	**어르고 지숫기**	어르고 지숫기 (수직)	좌우로 어르기 (수평)	돌아서 몸통 어르기 (수직, 수평)
10단계	**꺾기**	다리 꺾기	팔 꺾기	온몸 꺾기
11단계	**구르고 튕기고 뛰어오르기**	발 구르기	쳐서 올리기	튕겨서 뛰어오르기 (즉흥 포함)
12단계	**다시 숨 고르기**	원에서 선을 이루는 호흡	선에서 점을 이루는 호흡	선에서 점을 이루는 호흡 (다시 태극점으로)

태극구조기본춤의 구성

곡선호흡, 몸을 둥글게 움직이는 궁체는 원형호흡으로 이루어진다. 1단계에서의 숨 고르기는 숨을 들이쉬고 내쉬고 멈추는 호흡을 일정하게 유지하도록 하여 척추를 이용한 호흡감각의 이해를 돕는다.

2단계 : 끌어올리고 내리기

'끌어올리고 내리기'는 몸을 일자 형태로 똑바로 펴고 내리는 수직 개념의 동작기법이다. 몸의 뼈마디 마디를 펴준 다음 다시 원위치로 돌아가는 동작을 수행하게 된다. 긴 호흡의 들숨으로 몸(척추)을 길게 펴주었다가 다시 느린 호흡으로 서서히 숨을 내쉬면서 제자리로 돌아가게 되는데, 이때 호흡을 일정하게 유지하는 것이 매우 중요하다. 끌어올리기를 할 때 발동작은 발바닥의 호흡감각을 느낄 수 있어야 한다. 지면에 닿은 발바닥을 아래로 밀어내는 듯한 감각으로 몸을 끌어올리며 에너지를 조절하여 무게감을 유지하면서 끈기를 가져야 한다. 이때 허리를 중심으로 하여 상하체로 흐르는 에너지, 즉 서로 위아래로 잡아당기는 에너지를 느끼면서 호흡하는 것 또한 중요하다. 그것은 몸의 무게를 상체와 하체에 고르게 퍼지도록 하여 무용수의 바른 몸자세를 유지할 수 있게 하기 때문이다. 팔동작은 겨드랑이를 들어 올리면서 팔과 손끝이 몸의 중심선을 따라 올라갈 수 있도록 하는 것이 중요하다. 숨이 복부에 차 있으면 손끝도 복부의 위치에 있어야 하고, 숨이 흉부 쪽으로 올라가면 손끝도 흉부 쪽으로 따라 올라가도록 한다. 반대로 끌어내리기를 할 때는 위에서부터 아래로 힘을 빼면서 내쉬는 호흡을 단계적으로 이루어지도록 한다. 이 같은 호흡법은 호흡에 의해 춤동작이 만들어지고 변화되는 원리를 이해할 수 있게 할 뿐만 아니라, 지속적으로 호흡을 유지하는 것과 자신의 춤에 집중할 수 있는 호흡 조절 능력을 기르는 데 도움을 준다. 끌어올리고 내리기의 필체동작은 몸 직선 펴기, 학체동작은 학걸음·학날개 펴기·중심 잡기, 궁체동작은 태극 돌리기·활사위·태극힘 모으기로 구성된다.

3단계 : 맺고 풀기

'맺고 풀기'는 몸의 긴장과 이완을 통해 순간적으로 멈추고 풀어주는 기법이다. 춤에서의 긴장은 활시위를 팽팽하게 당긴 것처럼 호흡을 들이마셔 정신을 집중한 상태이고, 이완은 당겼던 활시위를 놓은 것처럼 호흡을 내쉬면서 풀어주는 상태를 말하는 것이다. 춤을 출 때 몸을 길게 펴서 맺어준 다음 동작의 마무리를 강하고 짧게 해줌으로서 맺고 풀기를 익힐 수 있다. 맺고 풀기는 에너지의 적절한 이용과 처리 능력을 길러주는 동작으로, 맺음은 동작의 시작과 끝 그리고 동작과 동작 사이에서 이루어진다. 멈춤호흡에 의해 들숨 맺음과 날숨 맺음이 형성되며, 풀기는 동작을 마무리하는 단계로 호흡을 내쉬는 날숨으로 바뀌는 지점에서 이루어진다. 맺고 풀기에서 필체동작은 몸 사선 펴서 맺고 풀기, 학체동작은 학 옆걸음 날개 펴기, 궁체동작은 나선형 돌리기로 구성된다.

4단계 : 뿌리고 틀고 흔들기

'뿌리고 틀고 흔들기'는 팔과 손을 위로 뿌리고 몸을 틀고 흔들며 제자리로 돌아가는 동작의 기법이다. '뿌리기'는 숨을 끌어올리면서 팔과 손끝을 위로 뿌리며 호흡을 맺어주는 동작으로, 짧고 강하게 숨을 들이쉬어 맺어주거나 숨을 약하게 들이쉬어 팔을 살짝 튕기듯 뿌려주는 두 가지 기법으로 구분된다. '틀기'는 몸을 좌우로 틀어주는 동작으로, 들숨 상태의 틀기와 날숨 상태의 틀기로 이루어진다. 들숨 상태의 틀기는 숨을 들이마신 상태에서 다시 한 번 숨을 들이쉬어 올려주면서 몸을 틀어주는 것이고, 날숨 상태의 틀기는 숨을 내쉬면서 몸을 틀어주는 것이다. '흔들기'는 몸을 좌우로 흔드는 동작으로 들이마신 숨을 내쉬며 상체를 좌우로 흔들어주는 것이다. 뿌리고 틀고 흔들기는 상체동작의 유연성을 강화시키는 데 도움을 주는 기법이다. 필체의 뿌리고 틀기, 학체의 뿌리고 흔들기, 궁체의 겨드랑사위 뿌리기로 구성된다.

5단계 : 찍기

'찍기'는 붓으로 점을 찍듯이 발과 손을 찍는 동작의 기법이다. 발은 바닥에 찍고 손끝은 공중에 찍어주게 된다. 필체의 발 찍기는 붓글씨로 점을 찍듯 발뒤꿈치로 바닥에 점을 찍어서 발끝으로 에너지를 모아 끌어올리고, 머리 위 공간에 찍는 학체의 손 찍기는 몸 밖의 에너지를 손끝에 모아 머리 위에서 아래로 찍어 내려 그 에너지가 정수리를 타고 몸속으로 흘러내려오는 것을 느끼도록 한다. 궁체의 태극점 찍기는 팔을 돌리는 동작에 의해 공간에 무형으로 형성되는 원형의 선상에 찍히게 된다. 약한 맺음의 발 찍음은 바닥의 미세한 점으로부터 분출되어 오르는 에너지를 발바닥을 통해 발끝으로 끌어올리는 것을 느끼고, 손 찍기는 양팔을 벌려 위로 들어올리면서 손끝에 에너지가 모이는 것을 느낄 수 있어야 한다. 이는 미세한 근육의 감각 및 몸 안과 밖의 에너지 흐름의 교차를 이해하도록 돕는다. 태극점은 팔동작으로 그려지는 동작의 마지막 지점에서 찍히게 된다. 찍기의 기법은 필체의 발 찍기, 학체의 손 찍기, 궁체의 태극점 찍기로 구성된다.

6단계 : 돌리기

'돌리기'는 발(다리), 손(손목), 어깨(팔)를 회전시키는 동작의 기법이다. 숨을 들이마시고 내쉬면서 다리를 90도에서 360도까지 회전시키며 균형을 잡는다. 발 돌리기는 한 발로 중심을 잡고 또 다른 발을 들어 올려 회전시킨다. 발을 돌릴 때는 상체와 골반이 돌아가지 않도록 주의해야 한다. 돌리기는 동작과 공간의 상관관계를 이해하고 작은 동작에서 점차 큰 동작으로 이어지는 호흡의 변화를 느끼면서 균형감각을 유지하는 데 도움이 된다. 필체의 발 돌리기, 학체의 팔 돌리기, 궁체의 어깨 돌리기로 구성된다.

7단계 : 밀고 당기고 누르기

'밀고 당기고 누르기'는 몸을 밖으로 밀고 안쪽으로 당기고 아래로 눌러주는 동작의 기법이다. 몸을 밀고 당길 때는 수평으로 하고, 아래로 누를 때는 수직으로 눌러준다. 밀고 당기고 누르기는 호흡의 무게를 감각적으로 느끼면서 들숨, 날숨, 멈춤의 호흡 변화에 따라 밀도 있는 근육의 힘을 길러주는 기법으로 무릎과 대퇴부의 근육을 강화시켜준다. 필체의 밀고 당기기(하체 중심), 학체의 몸 밀고 당기기(상체 중심), 궁체의 태극점 누르기로 구성된다.

8단계 : 치고 떨어지기

'치고 떨어지기'는 몸이나 옷자락을 팔로 쳐서 올리고 떨어지는 기법으로 상승과 낙하의 원리이다. 숨을 복부에서 흉부까지 빠르게 들이마셔 끌어올리고 강하게 멈추는 동시에, 가슴까지 끌어올린 숨을 한 번에 내뱉으며 몸을 아래로 떨어뜨리게 된다. 이때 호흡은 짧은 시간에 매우 강하게 들이쉬고 내쉬면서 동작하게 된다. 치고 떨어지기의 동작은 필체의 치고 떨어지기, 학체의 에스자 치기, 궁체의 어깨 치고 떨어지기로 구성된다.

9단계 : 어르고 지숫기

'어르고 지숫기'는 두 발을 바닥에 디디고 서 있는 자세에서 몸을 좌우로 움직이고 무릎을 굽히면서 자세를 낮추는 동작의 기법이다. 어르기는 숨을 들이마시면서 몸을 좌우로 움직이고, 지숫기는 숨을 내쉬면서 몸을 좌우로 움직인다. 이와 같은 미세한 움직임은 내적 호흡의 절제를 극대화시킨다. 어르기는 숨을 들이마신 다음 내쉬기 직전까지의 상태에서 이루어지는 것이고, 지숫기는 숨을 들이마신 후 내쉬는 상태에서 이루어지는 것을 말한다. 어르고 지숫기의 동작은 에너지의 재충전을 위한 여유의 동작이다. 필체의 어르고 지숫기, 학체의 좌우로 어르기, 궁체의 몸통 어르기로 구성된다.

10단계 : 꺾기

'꺾기'는 발, 무릎, 손, 팔, 몸통 등 온몸의 마디마디를 자유자재로 꺾어주는 동작의 기법이다. 꺾기의 호흡은 숨을 지속적으로 끌어올리고 내리면서 스타카토식으로 끊어주듯이 꺾어야 한다. 발과 다리의 꺾기는 발뒤꿈치-발 가운데-발바닥-발가락-무릎-발끝-발목의 순서로 들어 올리면서 꺾기를 하게 되고, 손목과 팔의 꺾기도 각 마디마디를 끊어서 꺾어주며 숨을 들이마시고 내쉬는 과정에서 이루어진다. 꺾기는 온몸을 자유롭게 컨트롤할 수 있는 능력을 기르는 동작으로 몸 구조의 이해를 통해서 뼈마디 마디를 몸으로 느끼며 춤을 출 수 있게 된다. 꺾기동작은 필체의 다리 꺾기, 학체의 팔 꺾기, 궁체의 몸 전체 꺾기로 구성된다.

11단계 : 구르고 튕기고 뛰어오르기

'구르고 튕기고 뛰어 오르기'는 발로 바닥을 쳐서 구르고 튕기며 뛰어오르는 동작의 기법이다. 몸속의 에너지를 밖으로 밀어내고 다시 에너지를 몸속으로 끌어들이는 기법으로 구르고 튕기고 뛰어오르며 몸속의 에너지를 밖으로 분출시키고, 외부 공간의 에너지를 개인 공간 속으로 다시 끌어들임으로써 에너지를 재충전시키게 된다. 그리고 재충전시킨 에너지를 더욱 강한 에너지로 상승시켜 뛰어오르기의 동작으로 확장해 나간다. 구르기는 들이마신 숨을 내쉬면서 발로 바닥을 밀어내듯 차며 구르는 것이고, 튕기기는 발을 굴러서 에너지를 몸속으로 끌어들이면서 튕기는 것이며, 뛰기는 숨을 들이마시면서 위로 솟아오르는 동작이다. 구르고 튕기고 뛰어오르는 기법은 점차적으로 확장된 동작의 강한 에너지로 표출된다. 필체는 발 구르기, 학체는 쳐서 올리기, 궁체는 구르고 뛰기(즉흥)로 구성된다.

12단계 : 다시 숨 고르기

'다시 숨 고르기'는 1단계의 숨 고르기로부터 12단계의 기본과정을 모두 마치고 마무리하는 호흡의 기법이다. 1단계의 숨 고르기가 에너지를 모아가는 준비 단계의 호흡이라면, 12단계의 다시 숨 고르기는 에너지를 몸에 충분히 저장하여 몸풀이를 마무리하는 단계로 다음 단계를 춤출 수 있는 유연한 몸을 만들어준다. 〈태극구조기본춤〉은 1단계 숨 고르기에서 12단계 다시 숨 고르기로 되돌아가는 순환구조의 한국춤 원리와 구조의 이해를 돕는다.

4) 〈태극구조기본춤〉의 호흡표기

들숨 · 날숨 · 멈춤의 호흡부호

들숨	날숨	멈춤

호흡 크기의 부호

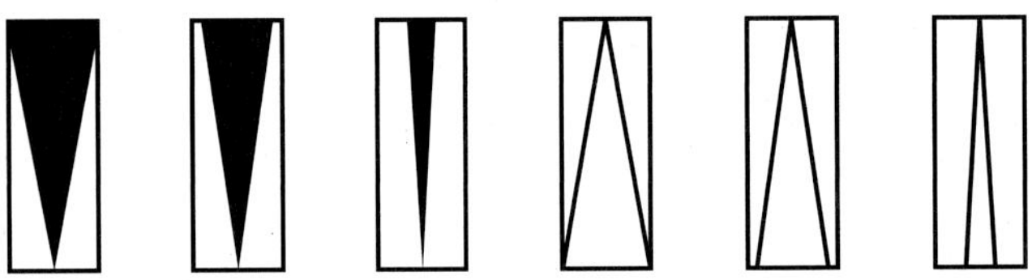

큰 들숨 | 중간 들숨 | 작은 들숨 | 큰 날숨 | 중간 날숨 | 작은 날숨

호흡표기의 실제

호흡부호의 길이, 크기, 강약에 따라 호흡의 흐름을 파악할 수 있다. 호흡부호가 긴 것은 긴 호흡이고, 짧은 것은 짧은 호흡이다.

길고 짧은 호흡의 표기

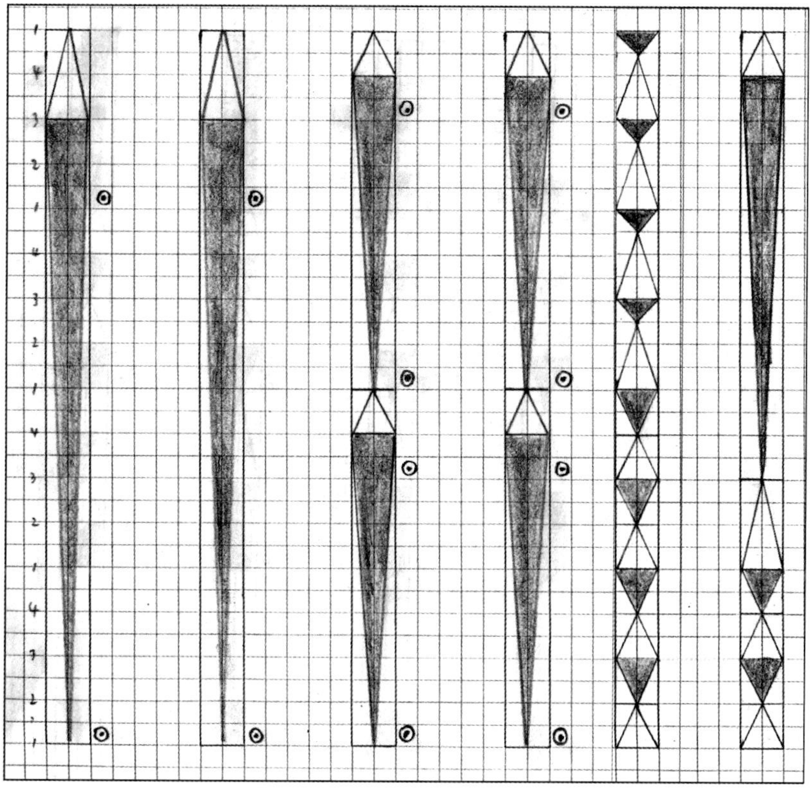

기교적인 호흡의 표기

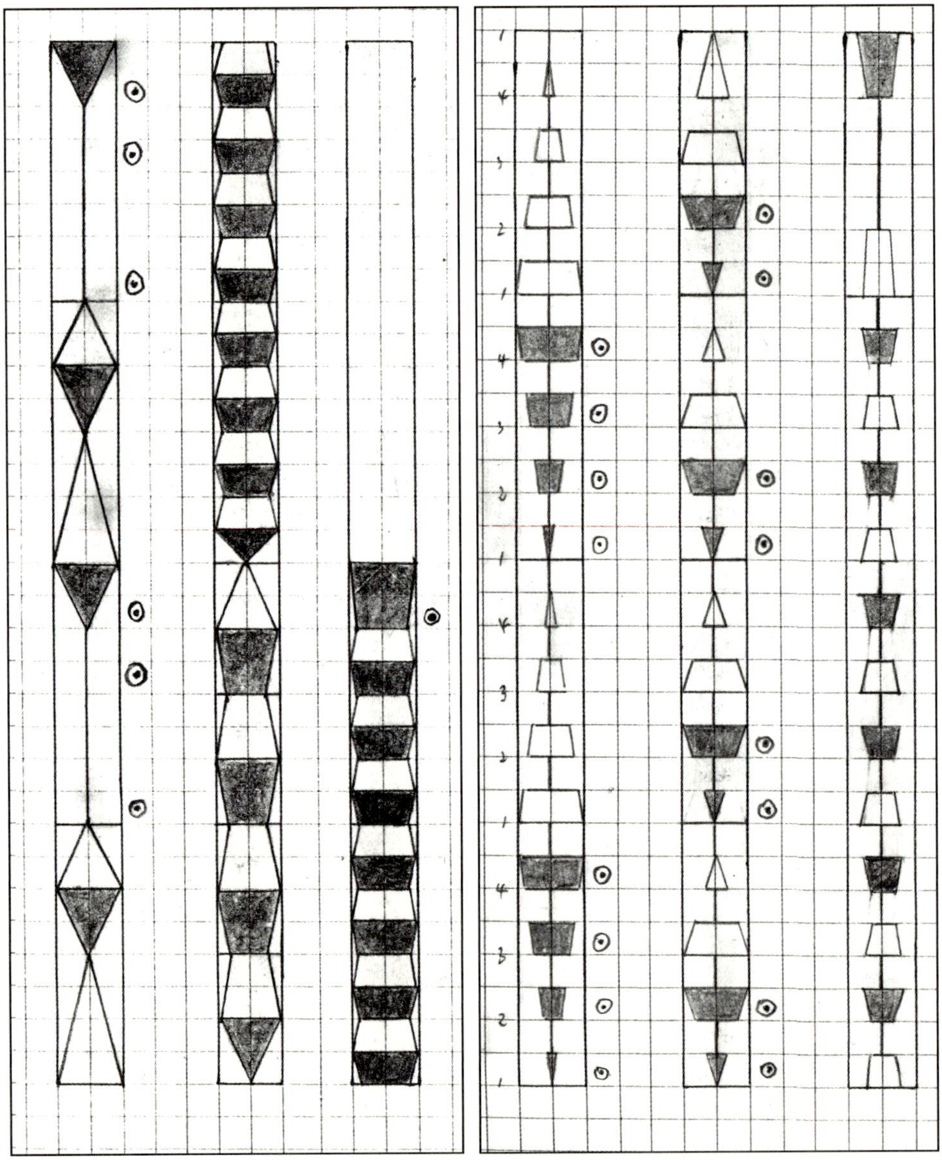

Korean Dance of

Dots, Lines and Circles

Korean Dance of Taegeuk structure

by Lim Hak-Sun / Professor, school of art in Sungkyunkwan University

Korean dance is hard to define just in a few words. Korean dance can be interpreted differently according to the perspectives of the viewers. People say that Korean dance is largely characterized by excitement and elegance, motion in stillness, and "han", a mixed feeling of love and hatred in Korean ethos. Understanding Korean dance only in terms of these elements is not different from admitting that the dances of other nations share the same characteristics. In other words, excitement and elegance, motion in stillness, and "han" are not indigenous to Korea. Now that we find it hard to clearly define Korean dance with an ample foundation or standards, will it be possible to objectively explain Korean dance in order to let people easily understand it? Even when we finally find the answer, another question still remains: what is the essence of Korean dance?

Dance in general reminds us of the images of the dancers. We can think of the movements from the images of dancers. A big difference exists between dance movements and ordinary motions. Dancing movements, if any, should be fully based on artistic expressions; they are not mere movements. On what ground or in what standard can we say that the ordinary movements cannot be called dances? Then, how can we develop ordinary movements into dances that, in a more developed form, are called a real art? In an effort to answer the question, I will explain the interrelations between dance movements and techniques, as well as movement lines and breathing in Korean dance that constitutes the "Taegeuk(great ultimate)" structure composed of dots, lines, and circles.

1. Three patterns of dance techniques : Pilche (brushstrokes), Hakche (cranes) and Kungche (bows)

Dance movements of Korea constitute three different patterns based on their techniques : Pilche(the style of brushstrokes), Hakche(the style of cranes) and Kungche(the style of bows). Pilche is borrowed from the art of calligraphy that produces beautiful handwriting by using brushes. The movements are the configuration of making dots, drawing lines, and scribbling letters in calligraphy. The style of Pilche requires a higher level of concentration and a proper state of mind with which artists complete writing letters one by one with sincerity to manifest the consummate level of writing. The Pilche style forms the spiritual ethos of Korean dance. Hakche (the style of cranes) portrays the dancing movements of cranes. According to this style, people's movements are portrayed as those of the cranes : dancers imitate the flying movements of the cranes. Hakche is the most widely practiced style in traditional Korean dance. Kungche(the style of bows) portrays the shape of and the shooting movement of a bow. It is also called Hwalche('Kung' means 'Hwal' in Korean) as dancers usually make round forms of arms like bows. Kungche originally borrows the shooting posture and the shape of a bow in traditional Korean archery. An archer completes the action by shooting arrows from a bow after drawing them to the side of the body. Likewise, the dancers of the bow style complete the movements of a bow. Usually the dancers begin with the style of brushstrokes first, develop it into that of the cranes, and finalize it with the bow style. The dances of the archery style require concentration aimed at achieving aesthetic beauty.

2. Dance techniques of tying, harmonizing, and releasing

Korean dance contains a variety of techniques. As well as expressing the basic techniques of tying, harmonizing and releasing, they also use other diverse movements characterized by pushing, pulling, kicking, pushing down, and breaking, bouncing, rolling, and jumping. "Tying" refers to the movement in sudden pause and is composed of inhaling and a sudden pause in breathing. "Harmonizing" here refers to the movements of inhaling and characterized by the shuddering of a body. "Releasing" refers to the movements of exhaling that has the function of finalizing the breathing process.

"Tying" as a form of the brushstrokes is the unique technique of giving accents to dance motions and of concentrating emotions in a state of pause right after inhaling. Tying embodies a sudden pause in a visual sense, but also contains the flowing movement of dances. It is composed of the continuance of movements that gives us the feeling of ascension. It appears to be no movement, but the pause continues between the movements.

The technique of tying therefore require high level of concentration. Dancers concentrate on one - either lightly or heavily as if they stopped breathing and marked dots. These techniques focus not so much outer appearances as inner breathing : they move something deep inside the body toward the outer movements and then finish them. It is manifested in the form of "the beauty of a blank in movements" as minute dots converge on a great multitude of dots.

"Harmonizing" in the form of the crane dance is materialized in the form of shuddering in some bodily movements. In music, it becomes a grace note. The dance techniques of "harmonizing" perform the role of coordinating tying and releasing by transforming inaction into minute movements. Besides, the style relaxes the tension of tying in a flexible manner and releases the highly elated emotions, while showing off diverse forms of stylishness : it manifests highly artistic skills. "Harmonizing", therefore, plays the role of connecting movements. Numerous dots converge on one to make straight or curved lines and express the beauty of the "harmonization of dots and lines"

"Releasing" in the form of the "style of bows" is the stage of forming one complete dance movement that started from minute movements and became gradually sublimated to the higher level of movements. Releasing in the stage of perfection manifests the movements displaying stability. The technique of releasing shows both the concentration in the process of pulling arrows and the intensity of shooting them at the same time. Harmonizing contains openness and autonomy of releasing emotions. The movements form the circular motion of wrapping up and circulating : they are connected to circles and rotations, and finally complete the movements. In the movements of releasing, dots and lines are connected with circles. Releasing produces the "peculiar beauty of curved lines" along with diverse lines.

3. Lines of motion : dots, lines, and circles

Dance is a spatial art ; both are inseparably related. When dance movements draw some lines in the space, the lines characterize the beauty of the dance. The lines of movements in Korean dance are characterized by dots, lines, and circles based on breathing and are expanded in diverse lines of movements. Dots are divided into tangible and intangible ones when we stop breathing in the practices of tying. Lines are developed into diverse lines when we inhale during the practice of harmonizing. Circles are formed when we exhale in the process of practicing releasing, and complete our movements.

In Korean dance, minute movements based on the steps closely adhered to the ground are manifested in diverse lines according to the changes of breathing. Besides, each movement of joints in our body has a force that makes us move away from the center although the movement is not within easy range of our eyes. When the fingertips of drawing Taegeuk are scattered toward the cosmic space, the movement shows the heaven-oriented tendency of releasing everything.

Korean dance that ties, harmonizes and releases according to breathing begins from a dot, and experiences the reverse turn of straight lines and circular lines and constitute the flow of pliable lines. The flow of the lines repeats the natural pattern of combining together to constitute a circle and returning to the dot. It establishes Taegeuk and forms the cosmic space. Korean dance is originated from the ancient patterns of spatial concepts in some of the earliest cultures. The starting point of Korean dance symbolizes "the dot in the beginning of the world" and the source of life.

Body	Pattern	Method	Breathing	Movement	Basic form
Lower body	Pilche (brush stroke)	Tightening	Pause	Point	.
Middle body	Hakche (cranes)	Harmonizing	Inhaling	Line	——
Ypper body	Kungche (bows)	Releasing	Exhaling	cicle	☯

The dots composed of releasing techniques are included in the small world of language and also mean silence. The intangible dots "connect silence and language" The inner concept of dots is fused with longer or shorter spans of silence. Such silence can be transformed into lively conditions through shocks.

We can make new discoveries in "our daily lives" thanks to the shocks. Silence begins to speak in a clearer language ; dead movements become living symbols ; and we can now see the rebirth of the dead. Inner dots themselves express a certain opinion related to extremely suppressed postures ; dots are the most simplistic form of force that makes things to move towards the center of something.

In abstract thinking and imagination, dots are the smallest and roundest circles. Dots can take infinitely diverse forms when they appear as real patterns. They also constitute the most simplistic form in terms of time. Dots are born from a pause, while lines arise from inner tensions. Like wise, lines come from the traces of dots ; stillness is transformed into dynamic movements. When one force imposed from the outer world moves a dot to a certain direction, the line stretches to become an infinitely moving straight line. When the two forces exercise on one dot, they make a circular line. Circular lines are made when straight lines were deviated from their course of straight movement due to the pressure from the sides. The more the pressure is strong, the more the deviation is strong until they make circles themselves. "Circles" are naturally made of regularly moving dots.

4. The breathing structure of inhaling, exhaling and pause

Breathing is common and basic to all the living creatures. In other words, we cannot value those creatures whose breathing process has stopped.

The same phenomenon is applied to the art of dance.

Time, space, and power animate dances, and breathing is the foundation of power. Accordingly, animated dance is the dynamic energy that connects each movement and enlivens breathing. Breathing not only governs the function of muscles and joints but also controls the degree of expressions through the interactions of various rhythms and melodies.

In terms of patterns, breathing is divided into two. One is breathing based on unconscious respiration and physiological phenomena. The other is rhythmic breathing based on the beating of the heart. We can breathe slowly or fast (in terms of time), heavy or light (space) and strong or weak (power) according to the changes of rhythm.

Breathing is the fundamental element of dance movements. In breathing, action and inaction alternate according to the rhythmic changes. Action and inaction in breathing mean inhaling, exhaling and pause. Like any other dances, Korean dance cherishes breathing whose structure is composed of inhaling, exhaling and pause. The breathing structure of Korean dance starts from the movements formed in the type of dots. They are transformed into inhaling and exhaling and later are completed in individual movements. The changes of inhaling, exhaling and pause are some of the most important structural characteristics of Korean dance that produce various techniques.

Seen from the movements of the vertebra, breathing in Korean dance is composed of linear breathing ("l"shape), curved line breathing ("s"shape) and round-shape breathing ("o"shape). For the linear breathing, we have to erect our vertebrae and breathe in a linear way like the English small letter "l". For the curved line breathing, we have to make the vertebra in the form of a curved line like the letter "s". The round-shape breathing refers to one for which we make the vertebra into a round shape. The movements expressed by the three-stage rhythmical breathing are completed in the lines of Korean dance characterized by dots, lines, and circles.

In conclusion, Korean dance has three forms : Pilche (the style of brushstrokes), Hakche (the style of cranes) and Kungche (the style of bows) ; three techniques (tying, harmonizing and releasing) ; three movement lines (dots, lines, and circles) ; and three types of breathing(inhaling, exhaling, and pause). Dance movements are drawn in the space in the form of intangible movement lines through diverse techniques and breathing. Pilche makes dots by way of tying through a pause in breathing ; Hakche makes lines by way of harmonizing through the inhaling process, and Kungche makes circles by way of releasing through the exhaling process. All these constitute the basic pattern of Taegeuk structure in Korean dance.

The basic pattern of Taegeuk structure repeats themselves in the order of dots, lines, circles, and dots again. The pattern coincides with the principle of the birth of the cosmos. The pattern is maximized in the concept of time and space and returns to the dots, thus repeating itself. Likewise, Korean dance is made in the pattern of forming the design of Taegeuk while drawing dots, lines, and circles. This is the culmination of natural beauty.

Although they establish the kernel of Korean dance, Pilche, Hakche and Kungche are not restricted to mere dance techniques. The three embody profound connotations that are applied to Korean dance in general. Pilche cherishes mind more than body ; Hakche is aimed at honestly expressing delight, anger, sorrow and pleasure of people through bodily movements ; and Kungche pursues the accomplishment of personality equipped with knowledge, virtue and physical fitness.

If dance expresses the world of feeling through the medium of body, only the dance of the heart can move the audience. The movement of no heart cannot make dance, and cannot touch the hearts of the people. Minute dots gather to make lines and the lines combine to make circles to make one perfect world. The essence of Korean dance is the bodily gestures that move along with joy and reach a dimension where mind and body become one.

3. 문묘일무 연구

문묘일무

국가무형문화재 제85호 석전대제의 문묘일무 원형 복원에 관하여

문묘일무

문묘일무

문묘일무는 유교 제례무로 공자를 비롯한 선성·선사를 제사할 때 추는 춤이다. 문묘의 석전의식에서 추게 되는 이 춤에는 유교의 예악사상禮樂思想이 담겨 있으며, 이 춤을 문묘석전에서 춤춘다 하여 오늘날 문묘일무文廟佾舞라고 부른다. 문묘는 공자의 위패를 모신 사당이며, 석전은 배움의 장소, 즉 학교에서 이루어지는 제사를 일컫는다. 그러므로 스승을 기리는 학교의 의식에서 행하게 되는 문묘일무는 공손한 태도와 공경의 마음으로 예를 갖추어 춤추게 된다.

문묘일무의 유래

문묘일무의 시원은 고대 중국으로 거슬러 올라간다. 고대 중국에는 황제로부터 무왕에 이르기까지 6대를 잇는 여섯 종류의 춤이 있다. 그것은 황제를 상징하는 〈운문〉을 비롯하여 요임금의 〈함지〉, 순임금의 〈대소〉, 우왕의 〈대하〉, 탕왕의 〈대호〉, 무왕의 〈대무〉로 주나라 시기에 정립되었으며 육대대무六代大舞라 한다.

여섯 황제를 상징한 춤은 그 공덕에 따라 각기 다른 무구舞具를 사용한다. 〈운문〉은 오색 깃발, 〈함지〉는 옷소매, 〈대소〉는 붕소, 〈대하〉는 약적, 〈대호〉는 깃대, 〈대무〉는 간척을 들고 춤을 춘다. 무구의 성격에 따라 문무와 무무를 구분해보면 〈함지〉, 〈대소〉, 〈대하〉는 문무에 속하고, 〈운문〉, 〈대호〉, 〈대무〉는 무무이다. 오늘날에는 약적을 들고 추는 하나라 우왕의 춤 〈대하〉와 간척을 사용하는 주나라 무왕의 춤 〈대무〉만이 문무와 무무의 대표작으로 남겨지게 되었다. 이 두 종류의 춤은 고려 예종 11년(1116) 송으로부터 유입된 이래 조선조의 성균관을 통해 현재까지 이어지고 있다.

육대대무 무보

무위

무위舞位는 무원들이 일무를 춤추는 위치이다. 일무를 출 때 무원들은 묘정廟廷의 뜰에서 춤을 추게 된다. 묘정의 뜰은 하늘을 상징하는 당상堂上과 땅을 상징하는 당하堂下 사이를 가리키며, 이는 천지 사이에 인사人事가 있음을 반영한 것으로 삼재사상에 의한 것이다. 일무의 자리가 정해지면 묘정의 뜰 동쪽과 서쪽에 문무와 무무를 구분하여 배치하게 되는데, 음양의 이치에 따라 문무를 동쪽에 두고 무무는 서쪽에 두는 것이 본래의 모습이다. 이렇듯 묘정의 뜰과 동서쪽에 배치되는 무위는 천지인 삼재사상과 음양사상에 의해 정해지는 자리이다.

이상에서 알 수 있듯이 문文과 무武를 구분하여 배치해야 하지만 시대에 따라 변화가 있었다. 그것은 문무와 무무를 동일하게 동서로 나누어 배치하거나 아예 서쪽으로만 또는 묘정의 뜰이 아니라 당상에 배치하였던 것으로, 사료를 통해 무위의 변화를 확인할 수 있다. 조선시대에는 위치 변화가 있을 때마다 조정에서 많은 논의가 뒤따랐다. 무원의 자리가 달라지면 춤이 변화되고, 또 춤이 변화되면 춤사위에 담긴 의미를 제대로 나타낼 수 없기 때문이었다. 예를 들어 춤 공간이 좁아지면 무원이 나아가고 물러가는 진퇴를 행할 수 없게 되고, 진퇴를 하지 못하면 나아가고 물러가는 것에 따라 의미가 부여되는 공경, 사양, 겸양의 의미를 구분할 수 없게 된다. 그리고 서쪽보다 동쪽을 높이 여겼기 때문에 문무를 동쪽, 무무를 서쪽으로 구분하여 배치하였던 것인데, 문무와 무무를 모두 서쪽에만 두는 것 또한 예에 어긋나는 것이다. 이 같은 연유에서 일무의 위치를 매우 중요시하였으며, 오랜 세월 동안 이를 지키고자 한 흔적을 조선왕조실록 등의 사료에서 엿볼 수 있다.

다음 그림은 2009년 연구자가 처음 제시한 것으로, 문무를 동쪽으로 하고 무무를 서쪽으로 나누어 배치하였던 요순시대의 제도이다.

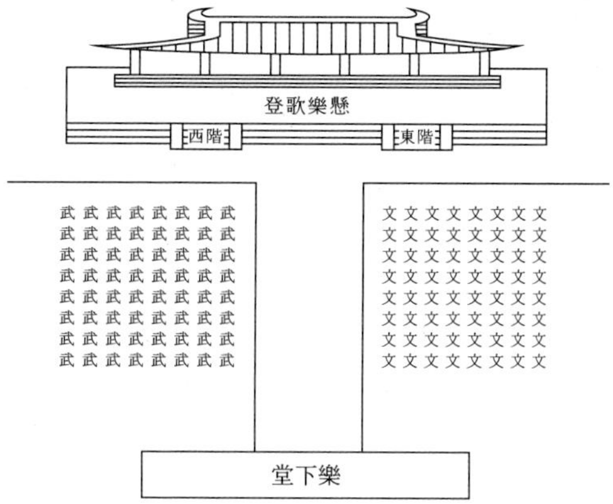

요순시대의 문무와 무무의 위치

문묘일무의 형식

일무의 위치가 그러하듯 문묘일무의 형식 또한 매우 중요하다. 일무에서 '일佾'이라는 글자는 춤의 줄 혹은 열列을 의미하는 것으로, 주나라 시기에는 신분에 따라 차등을 두어 천자天子 팔일八佾, 제후諸侯 육일六佾, 대부大夫 사일四佾, 사士 이일二佾로 춤의 줄 수를 달리하여 지키도록 한 것이다.

일무의 줄 수는 복건설과 두예설의 두 가지가 전해진다. 복건설은 8열을 기준으로 신분에 따라 춤의 줄 수를 두 줄씩 감하여 천자 8열 8행(64명), 제후 8열 6행(48명), 대부 8열 4행(32명), 사 8열 2행(16명)으로 한다. 반면 두예설은 열과 행을 모두 두 줄씩 줄여 천자 8열 8행(64명), 제후 6열 6행(36명), 대부 4열 4행(16명), 사 2열 2행(4명)으로 하여 차이를 보인다. 그러나 연구자는 8열을 기준으로 하여 두 줄씩 줄인 복건설이 설득력 있다고 보는 입장이다. 복건설에 따른 춤의 줄 수는 다음과 같다.

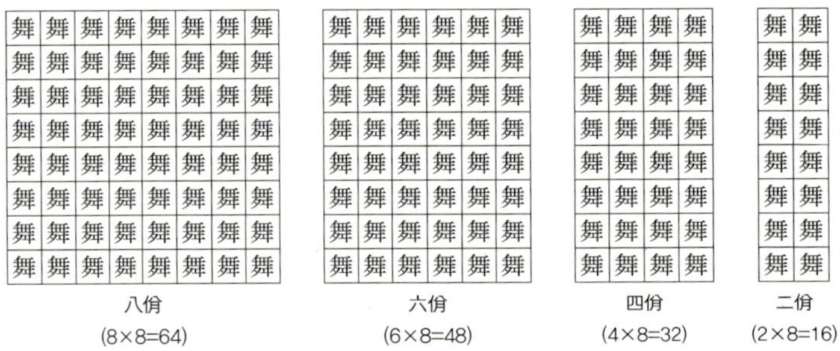

팔일, 육일, 사일, 이일의 춤형식

문묘일무의 춤사위

문묘일무의 춤사위는 예禮를 형상화하고 있다. 유교의 예악사상에 근본 한 춤사위는 궁중예법에 따라 춤동작 하나하나에 의미를 두고 만든 것이기 때문에 오랜 세월 동안 변함없이 일관된 모습으로 이어졌다.

일무는 주나라 시대의 궁정악무로 일반 서민이 아니라 왕세자와 귀족 자제들만이 이 춤을 출 수 있었다. 예를 상징하는 춤사위는 수授, 수受, 사辭, 양讓, 겸謙, 읍揖, 배拜, 궤跪, 고두叩頭, 무도舞蹈 등이 있는데 가장 중요한 춤사위가 읍·사·겸과 무도이다. 공경과 사양과 겸양을 의미하는 읍·사·겸의 춤사위는 모두 상대를 배려하는 마음에서 비롯되었다. 춤사위로 예를 나타내기 위해서는 반드시 나아가고 물러가는 진퇴를 삼아야만 한다.

무원들은 두 사람 혹은 두 줄씩 음양의 짝을 이루어 진퇴를 행하며 춤을 추는데, 그 모습은 마치 사람들이 서로의 마음을 주고받으며 무언가를 이야기하는 모습과 매우 흡사하다. 춤을 출 때 무원들은 나아가고 물러가며, 서로를 마주하고 등을 지고, 하늘을 우러르고 땅을 굽어보며, 좌로 돌고 우로 돌면서 서로가 대화하듯 춤을 춘다. 그리고 양손에 든 무구를 하나로 합하고 둘로 나누는 동작을 반복적으로 행한다. 이 같은 춤사위는 천지인합일天地人合一을 기원하는 것으로 서로가 짝을 이루는 몸동작에 무구의 동작이 더해져야만 비로소 예를 상징하는 동작으로 완성을 이루게 된다.

문무를 출 때 무원이 앞으로 나아가 약적籥翟을 하나로 합하는 것은 상대를 공경하는 의미이다. 그리고 뒤로 물러가 무구를 양쪽으로 나누는 것은 자신을 낮추어 사양하는 의미이며, 나아가고 물러가며 무구를 합하고 나누는 것은 겸양을 의미한다. 이러한 춤사위는 당시의 예법에 따라 각각 세 번씩 행하도록 하여 삼진三進·삼퇴三退와 삼읍三揖·삼사三辭·삼겸三謙의 춤으로 예를 나타내었다. 한편 간척干戚의 무무는 진퇴를 행하며 공격과 방어를 춤춘다. 도끼로 공격을 나타내고 방패로 방어를 춤추는 무무는 전쟁을 상징하지만 그 이면에는 평화를 지키고자 하는 깊은 뜻을 담고 있다.

문묘일무의 이치와 원리

일무는 육효六爻의 변화를 취하여 만든 춤이다. 이는 팔괘八卦의 원리를 따른 것으로 팔일八佾과 연관되며 팔음八音, 팔풍八風, 팔방八方과도 밀접한 관련이 있다. 팔일은 무원이 여덟 줄로 춤을 추는 것이고, 팔음八音은 자연으로부터 얻은 여덟 가지 재료인 금金, 석石, 사絲, 죽竹, 포匏, 토土, 혁革, 목木으로 만든 악기의 소리로, 이 팔음의 소리에 맞추어 일무를 추게 된다. 팔풍은 부주풍不周風, 광막풍廣漠風, 융풍融風, 명서풍明庶風, 청명풍淸明風, 경풍景風, 양풍凉風, 창합풍閶闔風이고, 팔방은 동, 동남, 남, 서남, 서, 서북, 북, 동북을 가리킨다. 여덟 방향을 기준으로 한 팔괘, 팔풍, 팔음의 상관관계는 다음과 같다.

팔방	동	동남	남	서남	서	서북	북	동북
팔괘	진 ☳	손 ☴	이 ☲	곤 ☷	태 ☱	건 ☰	감 ☵	간 ☶
팔풍	명서풍	청명풍	경풍	양풍	창합풍	부주풍	광막풍	조풍 /융풍
팔음	죽음	목음	사음	토음	금음	석음	혁음	포음

팔방·팔괘·팔풍·팔음의 상관관계

이상과 같은 구조는 동쪽으로부터 변화가 일어나는 문왕팔괘文王八卦의 순환구조를 따른 것이다. 일무 또한 동일한 이치를 따라 춤사위가 변화된다. 일무의 춤사위는 '일자일무一字一舞'와 '일자일음一字一音'의 구성 원칙에 따라 '일자일음일무一字一音一舞'의 구조를 이루게 된다. 이 같은 이치를 취한 일무는 괘 하나에 한 동작씩 춤추게 됨에 따라 팔괘에 여덟 동작을 한 단위로 춤추게 된다. 결국 일무는 '팔괘·팔자·팔음·팔일'의 구조적 특성을 지니게 된다.

다음 그림은 연구자가 2011년 제시한 것이다. 이는 주역의 이론에 근거한 것으로, 문왕팔괘의 순환구조를 따른 팔음방위지도八音方位之圖에 여덟 가지 일무 춤사위를 배치하여 처음으로 완성한 그림이다.

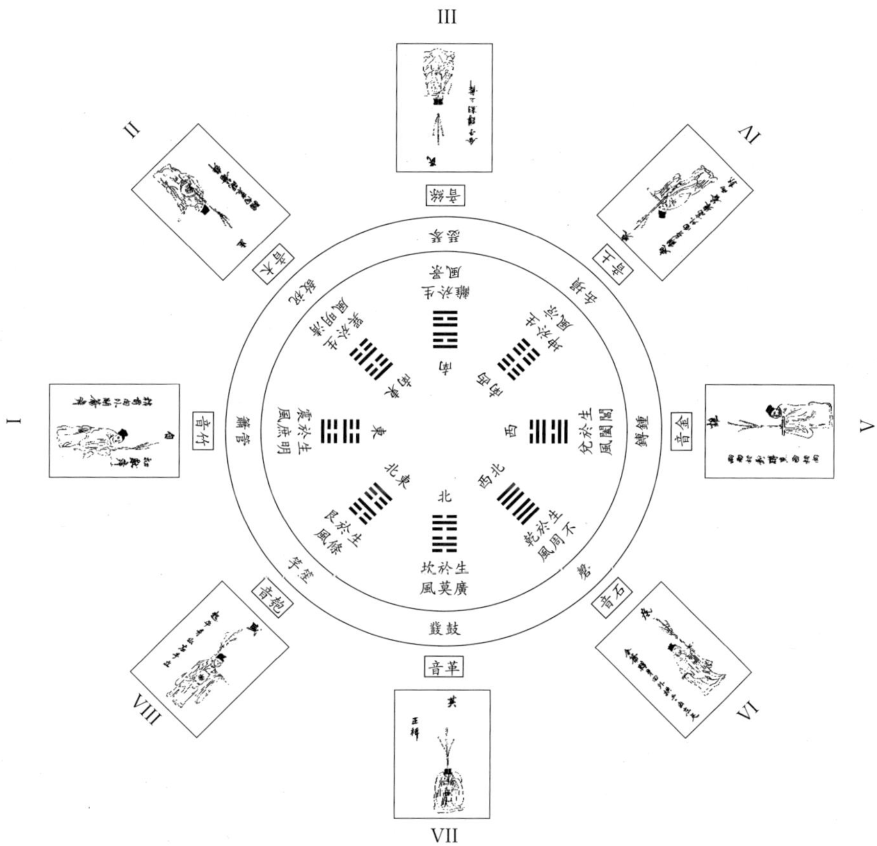

팔음방위지도에 배합시킨 일무의 춤사위

문묘일무의 철학적 의미

문묘일무는 스승을 공경의 마음으로 섬기는 것을 제일의 목표로 한다. 하지만 이 춤의 진정한 의미는 스승과 제자가 서로의 마음을 나누는 것이라 하겠다. 서로가 주고받는 마음을 '수수지례授受之禮'라 하는데 그것은 본시 고대 중국의 요임금이 순임금에게 황제의 자리를 이양할 때 서로 주고받았던 마음으로, 서로가 공경과 배려로서 황제의 자리를 물려주고 물려받았다고 한다. 이 같은 마음을 일무는 공경과 사양과 겸양의 춤사위로 표상한 것이다. 요임금과 순임금이 서로 주고받았던 그 마음은 곧 공자와 안자가 주고받았던 마음과 같은 것이라 하였다. 이는 결국 사람과 사람이 상호 간에 지켜야 할 예가 매우 중요한 것임을 널리 알리고자 한 것으로서 군신지간이나 사제지간뿐만 아니라 부부지간, 부자지간, 형제자매지간, 이웃지간에 지켜야 할 예의범절이기도 한 것이다. 문묘일무는 바로 이 같은 수수지례를 철학적 배경으로 한다.

『서경』에 의하면 문무에는 아홉 가지 덕(九德)이 있고, 무무에는 일곱 가지 덕(七德)이 포함되어 있음을 전한다.

문무의 구덕은 너그럽되 지조가 있어야 하고(寬而栗), 부드럽되 뜻이 있어야 하고(柔而立), 질박하되 겸공해야 하고(愿而恭), 다스림에는 공경스러워야 하고(亂而敬), 혼란 속에는 의연해야 하고(擾而毅), 올곧되 온화해야 하고(直而溫), 간결하되 청렴해야 하고(簡而廉), 꿋꿋하되 냉철해야 하며(剛而塞), 굳건하되 의로워야 한다(彊而義)는 것으로서 이는 모두 군자다운 마음과 행동을 상징하는 구덕의 덕목이다.

한편 무무에 담긴 칠덕은 난폭한 짓을 못 하게 하고(禁暴), 군사를 징발하지 않고(戢兵), 대의를 지키고(保大), 공로를 밝히고(定功), 백성을 편하게 하고(安民),

무리를 화합하고(和衆), 재물을 넉넉하게 하는 것(豊財)이다. 즉 무武란 단순한 무력을 의미하는 것이 아니라 대의와 민생에 입각한 진정한 평화를 가져오는 도구라는 뜻을 담고 있다. 이는 당시 '문으로서 무를 다스린다'는 의미의 이문지무以文之武와도 연결되는 것으로, 오늘날 우리는 그 진정한 가치에 대해 고민해보게 된다.

수천 년의 세월이 흐른 현대에도 서로가 배려와 공경의 마음을 지녀야 한다는 깊은 뜻에는 변함이 없다. 그 같은 의미를 담은 문묘일무의 보편적 가치와 의미 또한 경시될 수 없는 것이고, 그러한 마음이 전제되어 있는 문묘일무는 새 시대의 상징으로 거듭되어야 할 춤이기에 더욱 소중하게 느껴진다.

국가무형문화재 제85호 석전대제의

문묘일무 원형 복원에 관하여

1. 문묘일무의 원형 탐색

1) 문묘일무 춤사위 원형 복원의 필요성

한국의 문묘일무는 고려 예종조에 중국 송으로부터 유입된 것에 뿌리를 두고 있다. 고려 이후 조선조를 거치는 동안 하·은·주 삼대의 것으로 복원하기 위한 노력에 힘입어 문묘일무의 춤사위가 제 모습을 갖추게 되었다는 사실이 사료에서 확인된다. 조선조에 춤추어졌을 것으로 추정되는 문묘일무의 춤사위는 정조조에 편찬된 『춘관통고』의 무보에 남겨져 있다.

그러나 궁중시대가 막을 내리고 일제 치하와 근·현대를 거치는 동안 일무를 추는 사람이 없어지고 춤사위가 모두 사라지는 상황에 이르게 되었다. 이에 북·동·

서 세 방향으로 절만을 행하는 삼방배三方拜 형식의 춤으로 변모되기에 이르렀다. 명맥만을 유지하는 어려움 속에서도 춤사위를 복원하기 위한 시도가 몇 차례 이루어졌으나, 고증의 한계로 인해 일제하에 변모된 삼방배의 춤이 성균관 석전대제에서 추어졌다.

1980년 국악계를 중심으로 문묘제례악과 문묘일무 춤사위의 복원이 시도된 바 있지만, 춤사위의 원형을 찾을 수 있는 무보舞譜를 확인하지 못한 채 임의 창작된 상황이었기 때문에 2003년 문묘일무 원형에 대한 문제가 제기되기에 이른다. 이렇듯 문묘일무의 춤사위가 원래의 모습과 다르게 재현된 채 1986년 석전대제가 국가무형문화재 제85호로 지정되었다.

2000년경까지도 학계에는 문묘일무 춤사위의 원형을 확인할 수 있는 무보가 모두 소실되어 없어졌던 것으로 알려져왔다. 그러나 본 연구자는 문묘일무의 자료수집을 위한 각고의 노력 끝에 무보 18종을 발굴하여 2003년 처음으로 학계에 공개하였으며 이에 근거하여 문묘일무의 춤사위를 연구할 수 있었다. 본 연구자의 본격적인 연구는 2003년 '문묘일무의 원형 복원을 위한 학술시연'으로부터 비롯된다. 이후 8차에 걸쳐 진행된 연구는 문묘일무의 춤사위와 무위(일무위치)를 원형으로 복원하기에 이른다.

연구자는 제1차~제8차에 걸친 '문묘일무의 원형 복원을 위한 학술시연'을 거쳐 문묘일무 춤사위를 복원한(2006) 데 이어, 추가적으로 일무의 춤추는 위치를 복원하는(2010) 등, 유교 문화예술의 보존과 전승 그리고 인류가 보존하고 보호해야 하는 문화유산으로서의 유네스코 지정을 위한 기반 마련에 노력해왔다.

2) 문묘일무 원형 복원의 진정한 의미와 가치

문묘일무 원형 복원의 진정한 의미와 가치는 무엇일까?

춤은 인류가 가장 먼저 창조한 예술 형태로 언어나 글보다 앞선 표현수단이라는 점에서 그 가치를 찾을 수 있다. 인류의 역사와 더불어 변화 발전을 이룬 춤은 원시 제사무용과 밀접한 관계를 갖고 출발하였다.

이 시기의 춤은 절대자인 하늘 또는 신에게 예를 올리기 위한 목적으로 추었던 것으로 기원과 감사 그리고 신을 즐겁게 하는 표현수단이었을 뿐만 아니라, 신과 인간이 하나로 일치되는 최초의 신인합일神人合一의 표현이었다.

이러한 춤은 국가체제를 이루는 문명사회로 접어들면서 국가 통치와 질서 유지를 위한 목적으로 행해졌다. 고대 중국 주나라에서는 사회적 신분에 따라 춤의 줄 수를 달리하여 추도록 하였는데, 그것은 팔일八佾·육일六佾·사일四佾·이일二佾과 같이 차등을 두는 것으로, 당시 사람들은 이 같은 형식의 춤을 무엇보다 중요하게 여겨 지키도록 하였다.

역사적인 맥락에서 춤을 살펴보면, 신을 절대시하던 원시사회의 춤에서 국가체제를 뒷받침하는 춤으로의 발전, 그리고 사람을 중시하는 유가의 사상을 지니는 춤으로 발전되었다고 할 수 있다. 유가의 예악사상을 지니는 문묘일무는 그 정통성을 표상表象하는 표현 형식이자 상징이다. 그 상징성, 즉 덕을 표상한 춤사위로 발현되는 문묘일무의 춤사위를 원래의 모습으로 복원한다는 의미는 문묘일무에 내재된 정신을 온전히 복원하는 것과 같은 의미이다. 따라서 춤사위의 원형이 무시되거나 훼손될 경우 덕을 표상한 그 상징은 영원히 소멸된다. 이 같은 연유에서 문묘일무 춤사위의 원형을 지켜가는 것은 매우 중요하다.

문묘일무에는 문무와 무무 두 종류의 춤이 있다. 일무의 종주국인 중국은 송대 이후 공자의 제사에서 문무만을 추고 있지만, 문무와 무무 두 춤을 온전히 전승하고 복원한 나라는 한국이 유일하다. 그러므로 이 두 춤을 모두 원형으로 복원하는 일에 자긍심을 갖는 것은 물론 지속적인 연구가 따라야 할 것이다.

3) 한국 문묘일무의 원형

한국 문묘일무의 원형은 어디에 근거할 것인가?

문묘일무 춤사위의 '원형'이라 함은 춤사위의 형태뿐만 아니라 춤사위에 내재된 의미와 상징을 모두 포함하는 것을 의미한다. 그러므로 문묘일무의 원형탐구는 일무 춤사위의 원형을 알 수 있는 무보 분석은 물론, 춤사위를 자세하게 설명하고 있는 술어의 충실한 해석이 매우 중요하다. 또한 춤사위의 원형 복원은 단순한 형태 복원에만 의미를 두고 있는 것이 아니라 우리의 정신문화를 복원하는 일이기에 고증을 거치지 않은 복원은 의미를 갖지 못한다.

한국 문묘일무 춤사위의 원형은 두 가지 측면에서 논해볼 수 있겠다. 하나는 역사적 맥락에 근거한 원형이고, 또 다른 하나는 석전대제가 국가무형문화재로 지정될 당시 「국가무형문화재 지정조사보고서 144호」에 근거한 원형으로 살필 수 있다.

첫째, 역사적 맥락에 근거한 원형

한국의 문묘일무는 고려 예종 11년(1116) 중국 송나라로부터 유입된 것에 뿌리를 두고 있다. 송나라의 일무는 고대 중국 하·은·주 삼대로부터 이어진 춤으로 그 역사가 매우 오래되었다. 한국의 문묘일무 춤사위는 고려 이후 조선시대를 거치며 『춘관통고』의 무보에 남겨지게 되었다. 역사적인 맥락에서 한국 문묘일무의 원형을 논한다면 그것은 고려에서 조선시대로 이어진 춤이어야 할 것이다. 그러므로 『춘관통고』에 전해지는 춤사위를 원형으로 보는 것이 타당하다 하겠다. 역사적 맥락에서 원형을 잘 보존하는 것은 그 안에 내재된 역사적 의미와 가치를 올바르게 이해하고 전승할 수 있게 한다. 이를 위해서는 문화유산 보호의 중요성에 대한 우리 사회의 인식이 더욱 고취되어야 할 것이다.

둘째, 「국가무형문화재 지정조사보고서 144호」에 제시한 원형

석전대제 「지정조사보고서 144호」(1982)에 의하면, 당시 일무는 중국의 문헌 『반궁예악서』라는 책에 근거하여 춤사위를 완벽하게 복원하였다고 기록하고 있다. 지정조사보고서에 준한다면, 춤사위의 원형은 『반궁예악서』의 춤사위와 동일한 것이어야 할 것이다. 그러나 『반궁예악서』라는 문헌은 실제 존재하지 않는다. 다만 지정조사보고서에서 『반궁예악서』라고 한 책은 중국 청나라 장안무에 의해 편찬된 『반궁예악전서』(1965)임이 2003년 연구자에 의해 처음 밝혀졌다. 여기서 중요하게 살펴야 할 것은 책명의 오류를 감안하더라도 석전대제 지정 당시의 일무 춤사위가 『반궁예악서』(실제 책명 『반궁예악전서』)와 다르게 재현되었다는 것이 그간의 연구를 통해서 확인된다는 점이다. 더욱이 1980년 재현자가 고증문헌으로 제시하였던 『반궁예악서』와 관련하여 일부 '번복 또는 부정'[1]하고 있는 것이 지면으로 확인되고 있어 석전대제 지정 당시의 문묘일무 원형 복원에 대한 의구심은 더욱 증폭되고 있다.

이상과 같은 내용에서 알 수 있듯이, 「국가무형문화재 지정조사보고서 144

호」에서 주장하는 춤사위는 임의 창작된 부분이 많기 때문에 역사적 맥락에 근거한 문묘일무의 춤사위를 원형으로 보는 것이 설득력을 지닌다고 본다.

2. 문묘일무 춤사위의 원형 복원 과정

1) 석전대제의 문묘일무를 보다

성균관대학교는 조선시대 최고의 교육기관이었던 성균관에 뿌리를 둔 학교이다. 건학 600주년을 맞이하던 1998년 나는 유교 문화예술의 상징인 성균관대 무용학과 교수로 부임했고, 무용학과가 석전대제와 일무를 계승·발전·보존시키는 데 목적을 두고 1989년 신설되었다는 것을 알게 되었다. 그리고 석전대제가 봉행되는 성균관 대성전에서 붉은색 옷을 입은 무용수들이 일무를 추는 것을 보게 되었다. 일무가 어떤 춤인지 자세히 알 수 없었지만 문묘, 즉 대학을 상징하는 춤이라는 것이 무척 흥미로웠다. 일무에 대해 궁금한 것이 많았지만 자료가 거의 없고, 특히 춤에

---

1. 「국가무형문화재 지정조사보고서 144호」 『석전의례』에는 『반궁예악서』에 빙거하여 문묘일무의 옛 모습을 돌이킨 것은 가위 획일적인 장거"라 하였으며, 1980년 재현자의 석사학위 논문 「현행일무고」에는 "1981년에 재현된 『頖宮禮樂書』에 준한 일무가 고제에 가장 가까운 것으로 그 역사적 의의가 크다", "일무보가 발견되고 있지 않다"라고 기록되어 있다. 또한 월간 〈춤과 사람들〉 인터뷰 기사에는 "청나라 무보 『반궁예악서』를 기본으로 원전에 가깝게 복원한 것"이라고 주장하였다.
   그러나 2007년부터 이와 상반된 주장을 하고 있다. 그것은 「문묘제례일무의 전승과 재현」, 「현행 문묘제례일무에 대한 일고」의 논문에서 각각 "여러 문헌을 참고하였으나 그 가운데 『반궁예악서』가 주된 참고문헌이었으며, 『반궁예악전서』를 그대로 복원한 것이 아니라 성경린 선생의 이론과 구술 및 실기 시연 지도로 재현하였던 것", "여러 문헌을 참고하였고 그 가운데 『반궁예악서』가 주로 원용된 문헌이지만, 『반궁예악서』를 그대로 따르지 않고 성경린 선생님의 이론과 구술에 전적으로 의존하여 완성하였음"이라 주장하며, 1980년 재현 당시의 상황을 번복, 부정하는 것을 확인할 수 있다. 또 한 가지 이상한 것은 1980년 재현 당시 무보를 확인하지 못했음에도 불구하고 무보를 본 것처럼 주장하고 있는 점이다.

서 가장 중요한 무보가 모두 소실되어 찾을 수 없다는 것이 학계에 정설처럼 인식되고 있었기 때문에 베일에 싸인 일무를 몇 년간 바라만 보았다. 석전대제에서 제관들이 의식을 거행할 때 악인들은 음악을 연주하며 노래를 부르고 있고, 무원들이 일무를 추고 있는 것을 보면서 그들이 서로 무관하지 않을 것이라는 생각이 들었다. 이러한 생각은 성균관대학교에서 꼭 해야 하는 일이 일무 연구라는 것을 인식시켜 주었고 나로 하여금 자료를 수집하고 연구에 몰두하도록 자극했다.

국립국악원에 몸담고 계셨던 고 김천흥(1909~2007) 선생님도 석전대제가 거행되는 날이면 성균관에 함께하셨다. 선생님께는 대학과 대학원에서 궁중무용을 배

1958년 성균관대학교 약학대학 입학생들이 석전대제 참여 후 총장님과 함께 찍은 사진

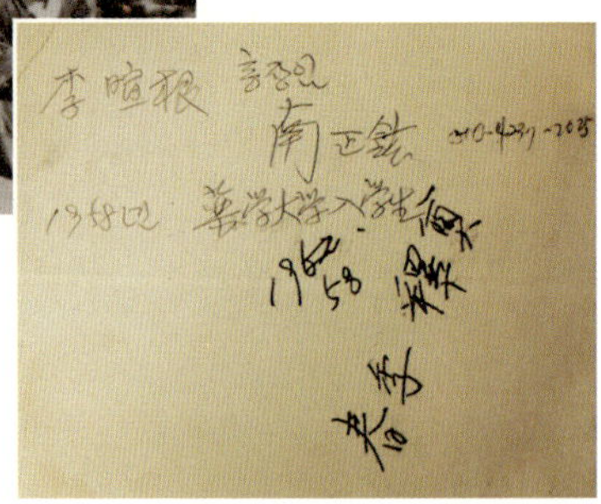

사진 뒷면의 메모

웠고, 궁중무용과 관련된 악서의 원전을 읽곤 했다. 교수가 된 후에도 선생님을 모시고 학생들과 함께 궁중무용을 사사했다.

석전대제에서 국립국악고등학교 학생들이 일무를 추고 있는 것을 보면서 예전에 성균관대 학생들이 일무를 추었던 것처럼 일무를 다시 성균관대에서 이어가는 것에 대해 조심스럽게 의논하였다. 당시 김천흥 선생님께서도 그런 생각에 대해 명분이 있는 것으로 공감하고 계셨다. 성균관과의 지속적인 협의를 통해 마침내 성균관대학교와 성균관 양 기관은 석전대제 일무 보존을 위한 '교류협약'을 체결하고 2004년 춘기석전부터 '성균관대 팔일무단'이 석전대제에서 일무를 담당하게 되었다.

2) 공자의 고향 중국 곡부에 가다

나는 2003년 공자의 고향 곡부에 있는 곡부사범대학(공자문화대학)을 방문했다. 2002년 여름 곡부사범대 총장(송완신) 일행이 서울을 방문했을 때 만난 적이 있다. 그때 일무 연구와 공자를 주제로 작품을 안무하고 있음을 이야기했었다. 총장님은 공자와 일무를 연구한다고 하니 선뜻 도와주실 것을 약속했다. 이런 인연으로 나는 2003년 1월 곡부사범대를 방문하게 되었고, 공자가 태어난 곳을 비롯하여 공묘대성전과 공자의 묘, 공자가 살던 집 등 공자의 흔적을 둘러보게 되었다. 이후 양교는 국제교류협약을 공식 체결하게 되었고 일무와 관련한 자료 수집에도 도움을 청하는 등 활발한 교류로 이어졌다.

그해 가을 공자 탄신일을 기념하여 매년 개최되고 있는 국제공자문화절[2]에 초청되었다. 중국 정부가 1983년부터 국제공자문화절을 시작한 이래 외국 팀이 행사에 참여하는 것은 처음 있는 일이었다. 2003년 9월 28일 공묘대성전에서 거행되는 중국의 공자 제사에 참가하여 일무와 공자를 주제로 한 무용을 공묘대성전에서 선보였다. 당시의 상황은 매스컴을 통해 중국 전역에 알려지게 되었고, 많은 중국인들이 놀라는 모습을 현장에서 느낄 수 있었다.

곡부 국제공자문화절(공묘대성전) 2003

2003년 11월 20일, 의미 있는 국제학술회의에 초청되었다. 공자와 유교문화 발전을 위한 국제회의가 대만 불광대학에서 처음 열린 것인데 중국, 대만, 일본, 싱가포르, 한국, 베트남 등의 대표 학자가 참가하였다. 나는 성균관 관계자와 함께 한국 대표로 참가하였다. 공자의 후손인 중국의 공상림 공자문화부원장과 대만 불광대 교수이자 역사학 회장인 이기상 교수도 그때 처음 만났다. 그 인연으로 '국제석전학회(회장 임학선)'가 2010년 창립되었고, 그들은 지금까지도 학회 임원으로 함께 일하며 석전학 발전을 위한 국제교류를 이어가고 있다.

나는 대만 학술대회에서 무보의 춤사위를 분석한 논문 「한국 성균관의 문묘일무」를 발표하였다. 유학이나 공자 연구는 주로 철학 영역에만 집중되었고 유교 제례무인 일무에 대한 연구가 거의 없는 상황이었기 때문에 참가 학자들은 관심을 표명하였다. 그림으로 전해지는 무보의 춤사위를 분석한 것에 특별히 관심이 많았다. 이때 중국과 대만의 일무에 대해서도 많은 이야기를 나눌 수 있었다.

---

2. 중국의 국제공자문화절은 학술심포지엄, 석전대제 등을 알리는 행사이다. 9월 28일 공자탄신일을 기념하는 중국 곡부의 공묘대 성전에서 한국의 일무를 선보였다. '국제공자문화절'은 CCTV를 통해 중국 전역에 방영된다.

회의를 마무리하는 총회에서 나는 2004년 차기 국제학술대회를 한국에서 개최할 것을 제안하였고 대표자들은 만장일치로 합의하였다. 성균관대에서의 2004년 국제학술회의는 대표 학자들이 대거 참여하는 규모로 열렸다. 유학과 공자문화를 주제로 한 국제학술회의와 함께 무용 〈공자〉의 전막이 예술의전당 오페라극장에서 초연되었다. 중국 학자를 비롯한 학자들이 모두 공연을 관람하였고 그들은 무용 〈공자〉를 통해 한국의 일무를 볼 수 있었다.

또 한 가지 중요한 것은 종로구가 유네스코 세계문화유산 등재를 위해 석전대제의 연구 발판을 마련해주었던 일이다. 그 연구는 성균관대학교 유교문화연구소 주관하에 공동으로 진행되었으며 그 성과로 『문묘일원과 석전대제』가 발간되었다. 당시 나는 '문묘일무의 원형 복원을 위한 학술시연'[3]을 준비하고 있었던 터라 「문묘일무의 춤사위 비교 분석을 통한 원형 복원 방안」[4]에 대한 논문을 때맞추어 발표할 수 있었다.

3) 한·중 문묘일무의 무보를 수집하다

2002년 문묘일무 춤사위의 원형을 살필 수 있는 무보를 수집하였다. 중국 문헌 14종과 한국 문헌 4종으로 최고형에 속하는 명대의 무보 『궐리지』(1504)를 비롯하여 『남옹지』(1544), 『황명태학지』(1557), 『삼재도회』(1597), 『반궁예악소』(1573~1615), 『반궁예악전서』(1656), 『대성통지』(1669), 『궐리광지』(1673), 『문묘

---

3. 제1차 문묘일무의 원형 복원 학술시연은 2003년 12월 29일 성균관대학교 600주년기념관 조병두홀에서 있었다.
4. 임학선의 논문 「문묘일무의 춤사위 비교 분석을 통한 원형 복원 방안」은 종로구청에서 발행된(2003. 12. 2) 『문묘일원과 석전제』에 수록되었다.

예악소』(1674), 『국학예악록』(1719), 『춘관통고』(1788), 『문명정제보』(1845), 『청음반궁악무도설』(1851), 『성문악지』(1887), 『궐리지』(1900년경), 『속수성적도후학록』(1917), 『공부자성적도성학연원유림록』(1926) 등이 문무의 무보이고 그 외에 『악률전서』(1600년경)의 무보를 2005년 추가 발굴하게 되었다. 이로서 문무 17종과 무무 1종의 무보를 수집하였다.

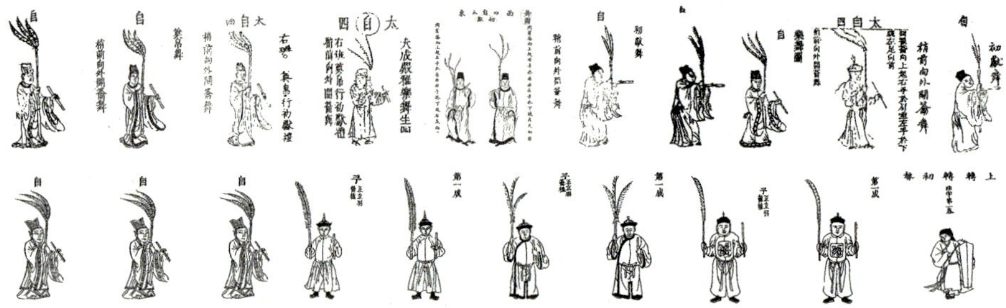

18종의 문묘일무보

18종의 무보

각각의 무보에는 대개 초헌례 32동작, 아헌례 32동작, 종헌례 32동작이 그림으로 그려져 있다. 무보는 '일자일음일무一字一音一舞'의 원칙에 따라 한 글자에 한 음, 한 동작을 그렸다. 초헌에 32글자 32음 32동작, 아헌에 32글자 32음 32동작, 종헌에 32글자 32음 32동작으로 모두 96글자 96음 96동작으로 구성되어 있는 것이 무보의 특징이다.

무보의 상단에는 공자의 덕을 찬양하는 노래의 가사가 96글자로 전해진다. 일무는 96글자의 노래 가사에 맞추어 한 동작씩을 춤추게 되는데, 공자를 찬양하는 노래에 맞추어 추게 되는 춤은 매우 의식적이고 공손한 몸짓의 동작들로 구성된 것임을 한눈에 알 수 있다. 때문에 무보의 그림만 보더라도 제례무로서의 면모가 그대로 드러난다.

무보의 춤사위를 처음 보았을 때는 놀라움 그 자체였다. 무보의 춤사위와 당시 석전대제에서 추고 있던 일무의 춤사위를 비교하였을 때 너무 다른 모습이라는 것이 큰 충격이었다. 한국의 일무가 변모되었을 것이라고는 상상조차 할 수 없었기 때문에 더욱 놀랄 수밖에 없었다.

왜 그렇게 다른 모습으로 춤사위가 변모되었는지는 알 수 없었지만 무보 속에는 그동안 우리가 알지 못했던 일무의 비밀이 모두 담겨 있을 것이라는 게 직감적으로 느껴졌다. 무보에는 춤사위뿐만 아니라 그 춤사위를 설명하는 '술어述語'가 함께 기록되어 있어 가장 먼저 그 술어를 해독해야만 했다.

4) 한·중 문묘일무의 무보를 비교 분석하다

문묘일무 연구는 2003년 성균관대 특성화 사업의 일환으로 공식화되어 삼성학술연구비 지원과 동아시아학술원 지원에 이어 교육부와 문화관광부의 국고 지원으로 이어졌다.

나는 문묘일무 연구팀을 구성하여 본격적으로 연구를 진행하였다. 한자로 기록된 술어를 해석하는 것이 가장 중요했는데 단순히 한자 해석만으로는 춤동작을 이해하기 어려웠다. 마침 술어를 해독할 수 있는 일무 춤사위의 용어 해설 자료를 추가로 찾게 되었다. 그것은 머리, 손, 발, 허리 등 신체 각 부위별로 구분된 춤사위를 설명해놓은 것으로 『국학예악록』과 『성문악지』에서 찾게 되었다. 따라서 나름대로의 원칙을 세우고 술어 해석을 처음부터 다시 시작할 수 있었다.

첫째, 한자 술어를 가감 없이 해석 한다.

둘째, 한자 술어를 해석함에 있어서 『국학예악록』과 『성문악지』에서 확인되는 일무의 용어해석을 적용하여 술어를 풀이한다.

이상과 같은 술어 해석의 기준을 세우고 옥편을 찾아가면서 한 동작 한 동작 해석하고, 해석된 내용이 무보의 춤사위와 일치하는지 살피면서 일무의 춤동작을 재현하였다. 그런데 향외와 향내 또는 향리와 같이 방향을 지시하는 술어나 특정 동작의 술어 풀이가 어려웠다. 방향 술어를 풀기 위해서는 기준이 필요했고, 그 해답을 찾기 위해 무보 구성의 이해가 필요했다.

무보는 대부분 1인 또는 2인이 춤추는 것으로 그려져 있다. 일무는 음양의 '짝'을 이루는 춤이기 때문에 1인의 춤추는 무보라 하더라도 2인이 춤추는 것으로 이해해야 그 뜻을 제대로 읽을 수가 있다. 연구를 통해 알게 된 것은 1인 무보는 서쪽 무원을 그린 것이고, 2인 무보는 서쪽과 동쪽의 무원이 함께 춤추는 것을 그린 것이었다. 처음에는 1인 구성으로 무보를 만들었지만 이후 2인 구성의 무보를 그려 이해를 돕고자 했던 것이다.

1인 구성 무보
(권리지)

2인 구성 무보
(반궁예악소)

2인 구성의 무보를 보면 대칭의 원칙에 따라 두 사람이 서로 반대로 춤추는 것을 그렸다. 서로 마주 보고 등을 지고 좌로 돌고 우로 도는 춤사위들이 모두 대칭을 이룬다. 그러므로 향외라는 방향 술어는 서쪽 무원이 왼발과 왼손을 먼저 춤추고, 동쪽 무원은 오른발과 오른손을 먼저 춤추라는 지시이다. 이렇듯 방향 지시의 기준이 파악됨에 따라 술어 해석이 용이해졌다. 좌우 대칭구조는 중국화의 큰 특징으로 그 같은 원칙에 따라 춤사위를 만든 것임을 알게 되었다.

17종의 춤사위 술어를 모두 국역하는 데 3년이라는 시간이 걸렸다. 술어해석을 마치고 난 후, 일무 춤사위의 변이 현상을 파악하기 위해 문무의 무보 17종에 전해지는 1700여 개의 동작을 모두 크로스 체크하며 춤사위를 비교 분석하였다. 이 과정에서 일무의 춤사위가 일관되게 전해지게 되었음을 파악하였고 이와 같은 내용은 모두 논문으로 발표되었다.

송대 이후 춤사위 비교

무보의 춤사위 술어를 분석해 보면, 약(籥, 피리)과 적(翟, 꿩깃)을 들고 추는 문무는 '읍·사·겸'의 춤사위로 공경·사양·겸양의 특별한 의미를 담고자 했던 옛 사람들의 깊은 뜻을 알 수 있다. 그것은 일상의 예의범절이 매우 중요함을 가르치고 배우도록 한 것으로 공경, 사양, 겸양을 표현하기 위해 나아가고 물러가는 '진퇴'를 반드시 행하도록 하였다. 반드시 진퇴를 삼은 이유는 앞으로 나아가 '공경'을, 뒤로 물러나 '사양'을, 그리고 나아가고 물러가며 '겸손'의 의미를 각각 나타낼 수 있기 때문이다. 이 같은 춤사위는 모두 당시의 예법을 따른 것으로 아무나 임의로 바꿀 수 없었다는 것이 조선왕조실록 등의 기록에서 확인된다.

무무는 방패와 도끼를 들고 춤을 추는데 『악률전서』의 무보에 춤사위가 유일하게 전해진다. 그림에서 오른손에 든 도끼는 내려치는 동작으로 상대를 공격하는 춤사위이고, 왼손의 방패는 상대의 공격을 막는 방어의 춤사위이다. 이러한 동작에서 무무는 '공격과 방어'를 나타내고자 했음을 알 수 있다.

결국 1986년 석전대제가 국가무형문화재 제85호로 지정될 당시의 일무가 변모된 것은 술어 해석의 오류와 춤사위의 원형을 유일하게 확인할 수 있는 무보를 찾지 못했기 때문인 것으로 파악되었다. 또 한 가지 석전대제 지정 당시의 일무가 진퇴하지 않고 제자리에서만 춤을 추게 된 것은 한국화가 아니라 일무에 담긴 본래의 의미를 알지 못했기 때문에 발생된 변모 현상이었음을 알게 한다.

이와 같은 연구 결과가 도출되기까지는 일무의 춤 현장을 중심으로 거시적이고 통시적인 차원에서 집중적인 연구가 이루어졌기에 가능한 것이었다. 오래된 춤의 원형 복원을 위해서는 고증자료가 되는 무보가 필요하고 고증자료의 명확한 해석이 따라야 한다. 그래야만 춤사위의 형태뿐만 아니라 그 춤에 담긴 정신까지 온전히 복원할 수 있기 때문이다.

그간의 연구 결과는 세 권의 저서와 여러 편의 논문으로 발표되었다. 17종의 무보를 모두 국역한 『문묘일무보 도해』(2005)와 무보 분석을 기반으로 집필이 가능했던 이론서 『문묘일무의 이해』(2006)가 출판되었다. 이어서 일무의 이치와 원리 그리고 예악사상 등을 연구하기 위해 주역의 이론으로 접근한 『문묘일무의 예악사상』(2011)이 세상에 빛을 보게 되었다. 『문묘일무보 도해』는 2005년 독일 프랑크푸르트 세계도서전에 출품 전시되었고, '2006년도 대한민국학술원 선정 우수학술도서'로 이름을 올렸다. 예상치 못한 결과였다. 『문묘일무의 예악사상』(2011) 또한 '2012년도 대한민국학술원 선정 우수학술도서'로 선정되어 더욱 보람을 갖게 했다.

5) 송대로부터 유래된 한국 문묘일무의 근거를 밝히다

한국의 문묘일무는 송나라로부터 유래된다. 공자 제사에 대한 기록은 공자 사후 노나라 애공 17년(478) 공자의 옛집에 공자묘를 세웠다는 기록에서 비롯된다. 일무는 당시 천지인 제사뿐만 아니라 다양한 행사에 쓰였지만 후에 공자 제사무로 자리매김된 것이다. 송 휘종 때 문묘일무가 우리나라로 들어왔지만 그 제도가 정착되기까지 오랜 시간이 걸렸다. 오래된 역사의 흐름 속에서 한국 문묘일무의 유래와 변화 발전 내용을 밝히는 것 또한 쉬운 일이 아니었다. 하지만 역사서의 기록을 찾아내어 중요한 기록들을 꼼꼼히 확인하면서 고려에서 조선시대를 거치며 정립되었던 문묘일무를 연구하였다.

일무의 무보를 수집하고 그것을 분석한 첫 번째 논문이 「『반궁예악소』의 문묘일무보 춤사위 분석」이다. 이로부터 이어진 연구의 중요한 성과 중의 하나는 일무가 '춤의 명칭이 아니라 춤의 형식'을 의미하는 것임을 밝혀낸 점이다.

일무가 춤의 명칭이 아니라는 것은 고대 중국의 일무 역사를 추적하는 가운데 알게 된 것으로 일무라는 춤의 이름은 어디에서도 찾을 수 없었다. 다만 주나라 때 사회적 신분의 차이에 따라 천자 팔일, 제후 육일, 대부 사일, 사 이일의 형식으로 춤을 구분하고, 고대 중국의 6대를 잇는 여섯 황제 '황제, 요, 순, 우, 탕, 무'를 상징하는 〈운문〉, 〈함지〉, 〈대소〉, 〈대하〉, 〈대호〉, 〈대무〉를 천자의 예를 갖추어 팔일의 형식으로 춤추었다는 기록만이 전해진다.

이렇듯 일무가 춤의 이름이 아니라 팔일, 육일, 사일, 이일의 형식으로 춤춘 것이라는 사실은 주나라 때 확립된 고대 일무의 유래를 밝히는 중요한 근거이자, 주나라의 제도가 송나라로 이어진 것임을 파악하는 중요한 단서이기도 하다. 그리고 송나라의 일무 춤사위를 파악할 수 있는 술어를 송사에서 찾을 수 있었던 것은 무엇보다 큰 소득이었다. 그 술어를 분석해본 결과 명·청대의 무보가 송나라의 제도를 수용하여 그린 것이고, 조선조의 무보 또한 명·청대의 무보와 동일한 것이라는 점에서 송으로부터 유래된 한국 문묘일무의 근거를 제시할 수 있었다.

문무는 하나라 우왕을 상징하는 춤 〈대하〉에서, 무무는 주나라 무왕을 상징하는 춤 〈대무〉에서 유래된다. 이후 왕조가 바뀔 때마다 춤의 이름도 바뀌게 되지만 춤사위에 담고자 했던 핵심은 예를 표상하는 일관된 내용으로 이어가고자 했음이 파악된다.

다음의 표에서 확인되듯이 송나라의 일무 또한 다양한 춤의 이름으로 전해진다. 그 내용을 파악해보면 태조 때 지은 문무 〈문덕지무〉는 〈현덕승문지무〉로, 그것은 또다시 〈화성천하지무〉로 이름이 바뀌게 되고, 무무 〈무공지무〉는 〈천하대정지무〉로, 또다시 〈위가사해지무〉로 각각 춤의 명칭이 바뀌게 되었음을 알 수 있다. 그밖에 송 휘종 때 이르러 문무와 무무 두 춤을 개정한 것으로 기록이 전해지고 있지만 그 내용은 자세히 알 수 없다. 그러나 송나라 시대의 춤사위를 비교 분석해 보면 핵심 내용을 그대로 유지하고 있음을 알 수 있다. 신종 원풍 2년에 지은 문무 6성과 무무 6변, 그리고 철종 원우 4년에 섭방이 만든 문무 〈화성천하지무〉와 무무 〈위가사해지무〉의 술어가 송사에 전해지고 있어 송나라의 일무 파악이 가능하다.

송사에 전해지는 술어를 분석해 보면, 명·청대의 무보 분석에서 확인되는 내용과 동일하게 공경·사양·겸양을 의미하는 '읍· 사·겸'의 춤사위로 구성되어 있고, 나아가고 물러가는 진퇴를 행하면서 춤추었던 것이 확인된다. 그리고 조선 정조 때 유의양에 의해 편찬된 『춘관통고』의 무보와 명·청대의 무보를 비교해보면, 조선조의

왕 조	연 대	문무 / 무무 명칭
1대 태조(太祖)	건륭(建隆) 원년(960)	문무 〈문덕지무(文德之舞)〉 무무 〈무공지무(武功之舞)〉
	건덕(乾德) 4년(966)	문무 〈현덕승문지무(玄德升聞之舞)〉 무무 〈천하대정지무(天下大定之舞)〉
2대 태종(太宗)	순화(淳化) 2년(991)	문무 〈화성천하지무(化成天下之舞)〉 무무 〈위가해내지무(威加海内之舞)〉
3대 진종(眞宗)	대중상부(大中祥符) 5년(1012)	문무 〈발상류경지무(發祥流慶之舞)〉 무무 〈강진관덕지무(降真觀德之舞)〉
		문무 〈동화지무(同和之舞)〉 무무 〈정공지무(定功之舞)〉
4대 인종(仁宗)	황우(皇祐) 2년(1050)	문무 〈우문화속(佑文化俗)〉 무무 〈위공예덕(威功睿德)〉
6대 신종(神宗)	신종 원풍(元豊) 2년(1079)	문무 6성 무무 6변
6대 신종(神宗)	원풍 연간(1078~1085)	문무 〈제림가지(帝臨嘉至)〉 무무 〈신애석선(神娭錫羡)〉
		문무 〈효희소덕(孝熙昭德)〉 무무 〈예흡저상(禮洽儲祥)〉
7대 철종(哲宗)	원우(元祐) 4년(1089)	문무 〈화성천하지무(化成天下之舞)〉 무무 〈위가사해지무(威加四海之舞)〉
8대 휘종(徽宗)	숭녕(崇寧) 4년(1105)	춤의 명칭은 없음 改定二舞 : 약(籥)·적(翟) 과(戈)·순(盾)

송나라에서 창제한 일무

일무 또한 송에서 명·청으로 이어진 일무와 동일한 것임을 알 수 있다. 이로서 한국의 문묘일무는 송으로부터 유래되어 조선시대에 이르러 춤사위가 『춘관통고』의 무보로 정립된 것임을 알게 된다.

무무의 경우 우리나라로 유입될 때 창과 방패가 들어온 것으로 전해지고 방패와 도끼는 1151년에 추가로 유입되었을 것으로 학계는 추정하고 있다. 무무는 방패, 도끼, 창, 칼 등 다양한 도구를 들고 춤을 추었지만 한결같이 '공격과 방어'를 나타내고 있다. 주나라 시대의 무무와 명나라 때 주재육이 그린『악률전서』의 무무도 동일하게 공격과 방어를 표현하고 있다.

6) 문묘일무의 원형 복원을 위한 학술시연을 진행하다

문묘일무의 원형 복원을 위해 2003년부터 2010년까지 모두 8차에 걸쳐 학술시연을 시행하였다. 제5차 학술시연에서 문무와 무무의 춤사위를 원형으로 복원하고, 제8차에서 일무의 춤추는 위치를 추가로 복원하였다. 학술시연은 무보의 춤사위를 분석하여 논문으로 작성하고 무보에 근거하여 춤사위를 재현해보는 종합고증을 거치는 단계였다.

제1차 학술시연은 문묘일무 춤사위의 원형 복원을 위한 첫 번째 단계로 1986년 석전대제 지정 당시 일무의 근거문헌으로 알려진『반궁예악서』를 연구하였다. 그런데『반궁예악서』라는 책은 존재하지 않았고, 그 책의 실제 책명이 중국 청나라 장안무에 의해 편찬된『반궁예악전서』라는 사실이 조사되었다. 이에『반궁예악전서』의 무보에 전해지는 춤사위와 1986년 석전대제 지정 당시의 일무 춤사위를 비교해보는 논문「문묘일무의 춤사위 비교 분석」을 발표하고『반궁예악전서』의 춤사위를 무보대로 재현해보았다.

첫째, 춤사위 재현은 그림으로 전해지는 각각의 동작을 가장 단순한 동선으로 연결한다.

둘째, 무보의 그림을 연결함에 있어 '일자일음일무'의 구성 원칙에 따라 한 글자에 한 음과 한 동작을 춤추는 것으로 구성한다.

셋째, '삼진삼퇴'의 춤으로 구성한다.

400여 년 전에 그려진 『반궁예악전서』 무보의 춤사위를 재현해보는 것은 가슴 벅찬 일이었다. 이론적 근거가 미진한 상태에서 행해진 첫 시연이었지만 문묘일무 춤사위 복원의 가능성을 실험하는 단계로 실질적 복원의 첫 시도라는 점에서 의의를 찾을 수 있었다. 일무는 제자리에서 추는 춤이 아니라 진퇴를 행하는 춤임을 무보 분석을 통해 알 수 있었다.

제2차 학술시연은 2인의 무원으로 구성된 명대의 무보 『반궁예악소』의 무보를 연구 대상으로 하였다. 이 무보는 이지조에 의해 편찬된 문헌으로 2인이 춤추는 것을 그린 첫 번째 무보이다. 「문묘일무의 유형 분석 및 『반궁예악소』의 문묘일무 춤사위 분석」을 논문으로 발표하고, 『반궁예악소』의 춤사위를 재현하였다.

제3차 학술시연에서는 『남옹지』의 무보를 연구하였다. 『남옹지』의 무보는 최고형에 속하는 『궐리지』의 춤사위에 술어를 추가한 최초의 무보로, 일무 연구에서 중요한 고증문헌으로 분류된다. 『남옹지』의 무보 연구는 곧 최고형에 속하는 『궐리지』의 무보를 연구하는 것과 같은 것이고, 그것은 또한 송나라의 일무 춤사위를 연구하는 것이기도 하다. 그 이유는 『궐리지』와 『남옹지』의 무보가 송대의 춤을 그대로 수용하여 그린 무보이기 때문이다. 무보 분석에 근거하여 「문묘일무의 춤사위의 구조 분석 및 의미성과 상징성 연구」를 발표하고 『남옹지』의 무보에 근거하여 일무의 춤사위를 재현하였다.

2005년 제4차 학술시연은 17종 무보의 국역을 모두 끝내고 한국으로 유래된

일무를 연구하고, 한·중 무보의 연관성을 구체적으로 밝히는 연구 단계였다. 조선시대의 문묘일무를 유일하게 확인할 수 있는, 정조 때 유의양에 의해 편찬된『춘관통고』의 무보를 대상으로 학술시연을 준비하였다.「문묘일무의 어제와 오늘」을 학술시연에서 발표하고『춘관통고』의 무보에 근거하여 조선시대의 춤사위를 재현하였다.

이렇게 제1차에서 제4차까지의 학술시연은 중국의『반궁예악전서』,『반궁예악소』,『남옹지』와 한국의『춘관통고』에 수록된 춤사위를 비교 분석하여 발표하였다. 양국이 전승한 춤사위가 동일 계열로 이어진 것임을 확인함으로서 원형 재현의 가능성을 공고히 하게 되었다. 4차에 걸친 학술시연은, 문묘일무의 역사적 전통을 지키면서 그것을 오늘날 어떻게 지켜갈 것인가에 대해 고심해온 그동안의 문제가 어느 정도 해결되는 연구 단계였다.

7) 문묘일무 춤사위의 원형을 복원하다

2006년 개최된 제5차 학술시연에서는 제4차에서 이미 재현한 바 있는『춘관통고』의 문무와 『악률전서』 의 무무를 모두 복원하여 발표하였다. 이에 방패와 도끼를 들고 춤추는 무무의 춤사위가 전해지는『악률전서』의 무보를 분석하여 춤사위를 재현하였다.『악률전서』의 무보는 무무의 춤사위가 전해지는 유일한 무보로, 실질적으로 무무의 재현을 가능케 해준 중요한 고증문헌이다. 성균관장과 석전대제 보유자를 비롯한 성균관 임원 등 관계자들이 참여한 가운데 성균관 명륜당에서 시연을 가졌는데, 시연이 끝난 후 성균관 임원회의에서 2006년 추기석전에서 시범 시행하기로 합의한 바, 2006년 추기석전대제에서 종합고증을 거쳐 복원한 일무를 일반인들에게 처음으로 선보이게 되었다.

●기자가 만난 사람

성균관대 무용학과 임학선 교수

"文廟 佾舞의 원형 복원은 저에게 정신문화의 복원과 같습니다"

◇ 지난 22일 대성전 앞에서 학생들에게 일무를 지도 중인 임학선 교수. 〈사진 金致尤 기자〉

성균관의 안팎이 추기 석전준비로 한창 바빴던 지난 21일. 이번 석전에서 일무의 변형된 춤사위(춤의 모양새)가 선보일 것이라는 소식에 일무복원과 관련한 여러 개의 질문지를 하나 가득 준비해 임학선 교수의 연구실을 찾았다. 무용에 문외한인 기자에겐 질의문을 만드는 것조차 쉬운 일이 아닐 진데, 임 교수는 두 장에 걸쳐 빼곡히 나열된 글자들을 한눈에 되짚어 보고는 금세 고개를 끄덕이며 말을 잇는다. "성대에 부임해 온 1998년, 처음 일무를 접했는데, 당시 제 눈엔 단순한 제례무(祭禮舞)에 지나지 않았어요. 그런데 시간이 지나면서, 춤사위 하나하나에 인간이 지켜야 할 기본적인 예의범절이 모두 담겨 있다는 것을 알게 되었죠. 그리고 지금까지 일무의 모든 것을 밝혀내기 위해 달려왔습니다." 이러한 그의 열정은 여러 번에 걸쳐 '문묘일무의 원형 복원을 위한 학술시연' 등을 통해 소개돼 관련학자들과 세간의 관심을 불러들였고, 드디어 완성된 형태의 일무를 이번 석전을 통해 시연하기에 이른 것이다.

25일, 석전대제 중에 만난 임 교수의 눈빛은 기대와 희망으로 가득해 보였다. 그는 "가장 기다리던 순간입니다. 일무의 움직임을 유심히 지켜보면 이전과 달라진 모습이 확연히 드러날 겁니다"라며 흥분된 느낌을 감추지 못했다. 문묘제례악과 함께 64명의 무용수들이 한걸음씩 발을 떼기 시작했다. 제자리에서만 가만히 추어졌던 일무의 춤사위가 앞으로 세 발짝 걸어나아가고 뒤로 세 번 물러나는 '삼진 삼퇴(三進三退)'와 세 번 읍하고 사하며 겸하는 '삼읍-삼사-삼겸(三揖-三辭-三謙)'의 구조를 이루어 공경·사양·겸손을 나타내는 형태로 변화된 것이다. 유교의 예를 온전히 담아내는 듯한 일무의 움직임은 흡사 조선시대의 유교정신이 부활한 듯한 모습으로 대성전 마당을 화려하게 수놓고 있었다.

지난번 임 교수가 일무에 대해 언급했던 의미들이 한 순간에 이해되는 순간이었다. 그는 다음과 같이 말했다. "일무는 춤의 명칭이 아니라 형식입니다. 가로 세로 8명씩 64명의 무용수가 담아내는 그 움직임 속에는 조화를 강조한 동양사상의 핵심이 담겨 있습니다. 혹자는 중국의 무용을 연구한다며 손가락질을 하기도 하지만, 문묘일무를 연구하고 유럽과 동아시아 각국에 우리의 일무를 소개하는 이유는 배타주의로 점철된 오늘의 세계가 '인(仁)'의 정신으로 하나가 되기를 바라는 마음 때문입니다."

임 교수는 석전이 끝나자마자 곧바로 인천국제공항으로 향했다. 28일 중국 곡부에서 행해지는 석전대제에 참가하기 위해서라고 했다. 그는 공자를 문선왕으로 모시는 우리와 달리, 중국은 현재 공자를 천자로 모시기 때문에 8일무가 아닌 6일무를 추며, 특히 공자가 관광산업의 세계적 코드로 부각되면서 청나라 형식으로 추던 일무가 명나라 형식으로 변형될 예정이라고 했다. 떠나기 전, 중국의 일무가 동북공정을 비롯한 중국의 정치적 이슈와 연관된 점이 있는지에 대한 질문에 대해 그는 이번 곡부에서의 석전 참관 이후에나 제대로 된 발언을 할 수 있을 것이라고 말했다.

중국 석전행사에 참가 후, 일무 소개를 위해 10월 초 프랑스를 방문한다는 그의 계획표 속에는 과거부터 우리의 생활 속에 자리해 왔던 정신문화의 복원이 자리 잡은 듯 했다. 중국에서 전래받은 전통춤의 한 양식으로서가 아닌, 어진 마음으로 타인과의 조화를 중시했던 우리 유교문화의 정신이 한국의 석전일무를 통해 세계 각국에 전해지기를 간절히 바라는 마음을 그와 대화하는 내내 읽을 수 있었다. 〈安炫貞 기자〉

안현정 유교신문 2006. 10. 1

유교의 석전대제는 제관이 행하는 의식 절차와 악가무가 필수로 따르게 되는데 그것은 예악의 정수를 한껏 드러내는 것이라 하겠다. 또한 문묘일무는 일상 속 예의범절이 춤사위 하나하나에 깃든 제례무의 결정체로 성현을 높이는 유교사상과 철학적 의미가 춤을 통해 구현되고 있다. 때문에 몸에서 몸으로 전승되는 것으로 알려져 있는 일반적인 민속무용과는 차별되는 춤임을 알게 한다.

선성 선사를 공경의 마음으로 섬기고 기리는 의미가 담긴 문묘일무는 공경한 마음과 공손한 태도의 몸짓을 매우 중요시하여 만든 것이다. 따라서 누구도 그것을 임의로 바꿀 수 없어 일관된 모습으로 오래도록 지켜졌다. 그런데 1986년 석전대제 지정 당시의 일무는 그 법도를 알지 못한 채 '제자리'에서 추는 춤으로 재현하였다. 그에 반해 연구자에 의해 진행된 종합고증을 거친 원형 복원 일무는 세 번 나아가고

문묘일무 춤사위 복원 시연 (성균관 대성전 2006)

세 번 물러나는 '삼진삼퇴'의 춤으로 복원하여 전통적 면모를 지키고자 하였다. 이에 진퇴로서 '공경·사양·겸양'의 의미를 복원하였다.

전통을 오늘에 되새기는 일은 '현대화'라는 이름 안에서 어떤 모습으로든 구현이 가능하다. 그러나 이를 얼마나 올바르게 계승할 것인가의 문제는 면면히 이어오는 '전통정신의 숙고 과정'이 없이는 분명 불가능한 일일 것이다. 종합고증을 거친 일무 개선에서 중요시한 것은 춤사위로만 보여지는 일무가 아니라 춤사위 하나하나에 선현을 향한 공경과 존경의 정신을 담아내려는 오늘의 노력이 있었기에 가능한 일이었다고 본다. 이는 단순히 일무의 춤사위만이 아니라 춤사위에 담긴 의미와 상징 등을 이해하고 그것이 지니는 진정한 정신적 가치를 전승해야 한다는 사명감에 혼신을 다했다. 한 사람의 개인을 위한 것이 아니라 유교 예술문화의 발전, 나아가 한국의 문화예술을 올곧게 지키고자 하는 의지이기도 했다.

8) 문묘일무 개선을 위한 심사청구를 하다

2006년 종합고증을 거쳐 문묘일무 춤사위를 복원한 후, 2007년 2월 12일 성균관 석전대제보존회에 '문묘일무 개선을 위한 심사청구'를 제출하였다. 이에 성균관 석전대제보존회장은 석전학 연구학회인 '한국석전학회(회장 최병철)'에 심사를 공식 의뢰하였다(2007. 2. 28). '석전일무 개선안에 대한 심사청구'에 따른 그 원형적 타당성 여부를 판단하기 위해 한국석전학회는 회장단 회의(2007. 3. 2)를 개최하여 5인[5]의 심사위원회를 구성하고, 2007년 3월 16일부터 5월 7일까지 52일간 심의

5. 심사위원장에는 최병철 한국석전학회 회장, 심사위원으로는 송수남 예술원 회원, 정승희 한국무용사학회 회장, 이장렬 서울시 문화재위원, 이상은 상지대 교수, 행정간사 박만길 석전교육원 기획실장을 위촉하였다.

를 하였다.

한국석전학회의 문묘일무 개선안 심사위원회(위원장 최병철)는 석전일무 개선안에 관해 심사한 결과 "임 교수의 개선안이 종래의 일무보다 원형 복원을 위한 상당한 접근을 이루고 있다"고 발표했다. 심사위원회는 "임 교수가 『송사』, 명대의 『궐리지』와 『남옹지』, 청대의 『반궁예악전서』, 조선의 『춘관통고』 등 일무와 관련된 17종의 문헌을 조사 연구하여 소개한 일무보를 검토했다. 그 결과 석전일무의 형식과 내용이 송 · 명 · 청과 조선에 이르기까지 일관된 형태를 유지하고 있음을 발견했다"고 밝혔다. 또한 위원회는 "임 교수가 무무의 원형을 최초로 발견한 점을 인정하고, 그동안 문헌고증 없이 문무를 바탕으로 임의 창작된 무무가 무무의 특징을 살리지 못하고 있다는 임 교수의 문제 제기는 합당하다"고 판정했다. 석전일무가 27년 만에 원형에 보다 가깝도록 개선되는 전기가 마련됐다는 평가를 내린 것이다.

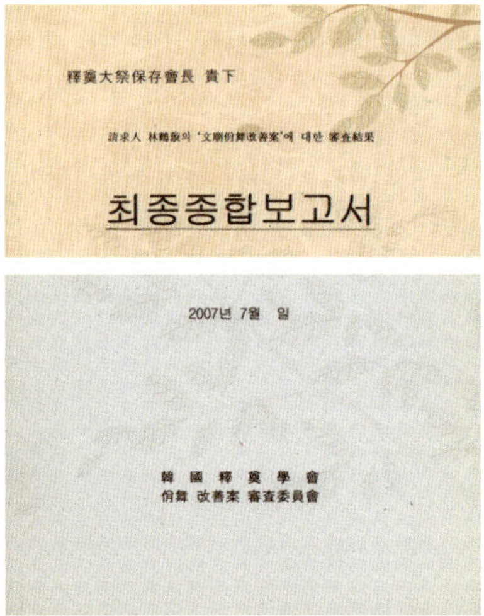
釋奠大祭保存會長 貴下

請求人 林鶴璇의 '文廟佾舞改善案'에 대한 審査結果

최종종합보고서

2007년 7월 일

韓國釋奠學會
佾舞 改善案 審査委員會

문묘일무 개선안에 대한 심사 결과
최종 종합보고서 (한국석전학회)

이와 같은 판단에서 심사위원회는 1986년 석전대제 지정 당시의 기존 일무에 비해 2006년 복원한 일무가 원형에 보다 가깝다는 판정아래 제1차 종합의견서를 석전대제보존회에 통지하고(2007. 3. 9) '최종 종합보고서(2007. 6. 28)'를 제출하였다. 이에 석전대제보존회는 종합고증을 거친 원형 복원 일무를 채택하고 2007년 추기 석전대제부터 공식 시행키로 하였으며, 심의 결과를 검토해줄 것을 문화재청에 공문 발송하였다.

2010 추기석전 일무 동서 배치로 복원 (성균관 대성전)

9) 문묘일무의 춤추는 위치를 복원하다

제6차 학술시연부터 제8차 학술시연까지는 일무의 춤추는 위치를 복원하고 시연하는 과정으로 이루어졌다.

2007년 제6차 학술시연은 석전학 국제학술대회와 함께 '모의석전'을 개최하였다. 공자의 후손인 중국 공자문화연구원 부원장 공상림의 기조강연을 시작으로 중국 곡부사범대 양조명 교수, 중국 절강공상대 조영광 교수와 대만 불광대 이기상 교수, 대만대 심동 교수 등 외국의 공자 관련 대표 학자들과 성균관대 유학과 이기동 교수, 무용학과 임학선 교수, 상지대 한문학과 이상은 교수 등이 철학·전례·악무·제찬 등의 논문을 발표하였다. 「송대 이후 일무의 역사적 고찰」이라는 논문 발표를 통해 송대 이후 일관되게 전해진 문묘일무의 춤사위를 일목요연하게 살펴볼 수 있도록 무보를 비교 분석하였다.

모의석전에서는 제례와 악가무가 조화를 이룰 수 있는 측면에서 석전의례를 처음으로 재현하고, 종전 서쪽 한편에 치우쳐서 춤추던 일무를 동·서로 나누어 배치하고 초헌, 아헌, 종헌을 행할 때 제관의 진행시간과 악무의 진행시간이 동시에 이루어질 수 있도록 진행하였다. 제1차~제5차의 학술시연이 문묘일무 원형 복원의 이론적 체계를 구축하고 춤사위의 원형 복원을 중심으로 하는 1단계 연구였다면, 2007년 이후 진행된 학술시연은 보다 넓은 차원에서 석전대제의 모습을 되찾기 위한 노력이 따랐다고 할 수 있다. 이 같은 목적에서 '석전일무연구원'을 설립하여(2007) 모의석전뿐만 아니라 해설이 있는 문묘일무 등 다양한 행사를 가졌다.

제6차 학술시연은 범아시아적 가치로 관심이 고조되고 있는 공자사상과 유교문화의 꽃으로 일컬어지는 문묘석전의 문화적 가치를 생각해보고, 한국 석전학의 위상을 높이고 학문적 기틀을 마련하는 데 관심이 집중되었다고 할 수 있다.

2008년 제7차 학술시연은 '움직이는 석전'을 시행하여 일반인들에게 석전대제와 일무를 접할 수 있도록 하였다. 국가무형문화재 제85호 권오흥 기능보유자가 집례를 맡고, (사)석전대제보존회가 제관 및 집사, 제기와 제수 등을 준비하고, 성균관대 팔일무단 16명이 문무와 무무를 담당했다. 성균관 대성전 안에서 행하던 제례를 무대공연 형식으로 선보이게 됨에 따라 다양한 관객층의 관심을 유도할 수 있었다.

그 외에 '2008 교육부 동아시아 특성화 국고지원사업'으로 종교문화축제에 참가하여 '해설과 함께하는 유교 제례무' 특설무대가 있었다. 스승을 공경하는 마음이 담긴 춤을 배우고 익히는 전통문화 체험을 통해 우리 문화를 소중히 여기는 계기가 되었을 것으로 본다.

2008 석전학 국제학술회의 '움직이는 석전' (성균관대 새천년홀)

2010년 제8차 학술시연에서는 일무의 위치를 조선시대의 전통으로 복원하였다. 일무 위치 복원 시연은 종전에 대성전 뜰 서쪽에서 추던 일무를 동쪽과 서쪽으로 일무원을 배치한 것으로, 성균관 관장을 비롯하여 석전대제보존회 등 유림 관계자들의 참관하에 진행되었다.

일무의 위치는 천지인 삼재사상과 음양사상에 의해 정해지는 것이 전통이다. 하늘을 상징하는 당상과 땅을 상징하는 당하 사이 묘정의 뜰이 사람이 위치하는 자리로 일무의 춤추는 자리가 된다. 묘정의 뜰 가운데에 위치하는 일무는 음양사상에 의거해 동·서쪽에 무원이 배치되어 춤추게 된다. 그런데 1986년 지정 당시에는 묘정의 서쪽 뜰 한쪽에서만 추는 것으로 되어 있었다. 이에 일무의 위치를 성균관 대성전 묘정의 뜰 가운데로 재배치하고 동·서쪽으로 일무원을 각각 배치하는 무위로 복원하였다. 이로서 2010년 9월 28일 공자 탄신 2561주년 기념 추기석전대제부터 묘정의 뜰 가운데로 일무의 위치를 정하고, 신도를 중심으로 동·서로 나누어 각각 32명(총 64명)의 일무원을 배치하여 석전대제를 봉행하였다.

차후에 복원하고자 한 것은 제례와 악무의 조화이다. 그러나 기존의 석전대제 봉행에서는 제관의 진행과 악무의 진행이 일치하지 않는 것이 현실이다. 일무가 끝나기도 전에 집례가 '악지'를 지시하면 중간에 연극하던 음악을 멈출 수밖에 없는 것이 문제인 것이다. 이에 석전교육원 수강생을 대상으로 제관의 진행과 악무의 진행이 조화롭게 합일을 이룰 수 있을지에 대한 가능성 여부를 실습해보았다. 그 결과 제관과 악무의 절주 복원은 연습만 한다면 얼마든지 가능할 것으로 파악되었다. 이에 대한 문제 또한 반드시 추가적으로 연구 복원해야 할 숙제로 남아 있다.

해설이 있는 문묘일무 (성균관대 조병두국제홀)

Ⅲ. 임학선 저서

1. 여유와 극복의 춤새김질

「여유와 극복의 춤새김질」 1999
임학선 춤작가 데뷔 20년 작품집

현대미학사
희선 춤작가 데뷔20년
현대미학사

여유와 극복의 춤새김질

임학선 / 저자 서문

기나긴 춤 여행을 거쳐 다시 원점으로…

단발머리 철없던 시절 선생님의 가르침으로부터 시작되었던 나의 춤인생, 춤과 인연을 맺은 지도 벌써 35년이 되었다. 떨리는 마음으로 중학교 1학년 때 처음 무대에 섰을 때의 기억이 새롭다. 대학 시절에는 훌륭하신 선생님들의 가르침으로 전통춤과 창작춤을 두루 익힐 수 있었고 서툰 솜씨지만 직접 춤을 만들어보기도 하였다. 이때 춤 창작은 있는 그대로를 답습하는 것이 아니라 무언가를 표현해내야만 한다는 것을 막연하게나마 깨닫게 되었다. 월례발표회나 학과발표회 때 춤을 만들어 보면서 기존의 한국춤 방식에 한계를 느끼게 되었고 틀에 박힌 형식에서 벗어나려고 애를 써보았지만 상투적인 동작 연결로 끝나버리기 일쑤였다. 춤 창작에 대한 나의 관심은 이때부터 싹트기 시작했던 것 같다.

이 같은 관심은 대학원에서 우리춤의 원초적 형태라 할 수 있는 '굿춤' 연구를 통해 새로운 방법론을 찾고자 하는 생각으로 이어졌고 대학원 졸업 후 1976년부터 '창무회創舞會' 활동을 통해 창작춤 연구에 몰두하게 되었다. 1978년 창무회 제1회 무용발표회를 통해 춤작가로 데뷔한 이래 지속적인 춤 활동을 하면서 창작춤에 더 많은 매력을 느끼게 되었다. 그러나 한편으로는 체계적이지 못한 춤 현장의 문제점들이 늘 불만족스러웠고 이를 해결해보기 위해 고심해왔다. 이러한 문제의식에 바탕하여 〈태극구조기본춤〉과 〈호흡표기법〉을 고안해낼 수 있었다. 우리춤의 과학적 기틀을 잡아 나간다는 측면에서, 그리고 이에 바탕하여 춤을 추고 만들고 가르칠 수 있게 되었다는 의미에서 더더욱 값진 작업이라 생각된다.

이 책에 실린 글들은 춤작가로 데뷔한 이래로 춤 창조 작업에 전념해왔던 지난 20년 춤 현장의 체취가 배어 있다. '굿에서 태극에 이르기까지' 나의 안무론을 비롯하여 창무회 초창기 공동 작업과 무속을 소재로 했던 나의 초창기 작품, 한국춤예술에 대한 새로운 시도였던 소재 개발과 표현기법을 확대하고자 했던 작품, 그리고 지난해 새롭게 고안한 '태극구조기본춤' 등의 안무 배경과 작품 내용에 대한 글을 사진과 함께 수록하였다. 그 외에도 춤평론가들의 작가론과 공연평, 신문과 춤전문지 등에 수록된 인터뷰, 대담, 춤기행문, 공연·작품·논문연보 등을 자료 정리 차원으로 함께 엮어보았다.

우리춤이 점선원에서 다시 점으로 순환되는 태극구조로 형성되듯 나는 기나긴 춤 여행을 거쳐 새로운 시작을 위해 다시 원점으로 돌아와 서 있는 셈이다. 얼마나 더 긴 여행을 해야 할지는 모르지만 하나의 원 위에 다시 원을 그리고 또다시 그 위에 원을 그려 차곡차곡 쌓일 수 있게 되길 기대한다. 미약하지만 이 책에는 한국창작춤사(史)에서 중요한 획을 긋는 시기의 한 젊은이의 생각과 춤 창작 방법론이 수록되어 있으며, 나름대로 한국춤의 과학적 체계를 잡아가고자 고심하였기에 한국창작춤을 연구하고 이해하고자 하는 사람들에게 도움이 되리라 생각된다. 부끄럽다는 생각도 없지 않지만 용기를 내어 출간하게 되었다.

오늘이 있기까지 많은 가르침을 주셨던 스승님과 도움을 주신 많은 분들께 머리 숙여 깊은 감사를 드리며 나의 춤 현장을 함께 지켜온 제자들에게도 고마움을 전한다. 아울러 개인 작품집 성격의 특수한 책임에도 출판에 선뜻 응해주신 현대미학사에도 깊이 감사드린다.

서평

김영태 / 춤평론가

춤 20년 역사의 풍경화

임학선 교수가 1987년 무용계에 데뷔해서 20년간 외길을 걷다가 『여유와 극복의 춤새김질』이란 책을 출간했다.

임교수는 20년간의 세월을 '여행'에 비유하고 있다. 긴 춤 여행을 떠났다가 다시 원점으로 돌아와 있다는 그의 인사말이 그것을 말해준다. 이 말은 나에게 소박하게 들린다. 자신의 춤 이력 및 작품에 대한 평가를 과대포장하는 요즘 추세에서 그렇다.

책을 출간한다는 것은 세상에 나와서 자기 한 일을 정리해 보는 의미가 있다.

김영태(金榮泰 : 1936~2007) 1959년 잡지 사상계로 문단 데뷔, 시인, 화가, 무용평론가로 이름을 알렸다. 1969년부터 무용평을 시작하였으며, 『갈색 몸매들, 아름다운 우산들』(1985), 『막간』(1987), 『저녁의 코펠리아』(1988), 『멀리서 노래하듯』(1995), 『아무것도 아니지만 우리는 있다』(2002) 등의 평론집을 비롯하여 『유태인이 사는 마을』(1965), 『핀지 콘티니 家의 정원』(1991), 『풍경을 춤출 수 있을까 1』(1995), 『풍경을 춤출 수 있을까 2』(2005) 등의 저서가 있다.

인걸은 떠나도 그가 쓴 책은 남는 것이 우리가 살아왔던 그 시대의 풍경이다. 책을 내면서 어떻게 자기를 정리하는가도 책 내는 사람 성품을 대변해준다. 무용가 중에 임학선 교수만큼 본인에 대한 자료를 수집한 경우도 드물다.

88올림픽 폐회식 〈떠나가는 배〉(협동안무) 같은 경우(그때 임학선은 태극선으로 이어지는 오작교를 연출했었다) 잠실 주경기장 피날레 춤 상황이라든가, 85년 내가 객석에 연재했던 무용가 프로필 등이 빠짐없이 스크랩되어 있었다. '자료는 현장'이고 그 현장이 곧 춤문화라는 것을 다른 무용가들은 등한시하는 것 같다.

그런 의미에서 임학선 교수의 이번 저서는 그가 평소 천착했던 연구논문 「굿에서 태극구조의 기본춤까지」를 비롯해 안무론, 춤기행, 평론가가 본 임학선론, 20년 공연평 및 대담, 체계적으로 정리한 그의 연보까지 방대한 분량으로 임학선 교수의 춤 1기를 총망라했다.

무용가들이 논문집, 번역서를 출간하는 경우와는 달리 자신이 걸어온 풍경(춤)을 일목요원하게 보여줄 때 표지 장정 및 편집 또한 비중을 차지하게 마련이다. 그런 면에서 임학선 교수 저 『여유와 극복의 춤새김질』은 월등한 것을 발견하게 된다. 중요한 논문들을 영역해 실었고, 전통춤과 창작춤 사진을 곁들였으며 미국 댄스 매거진에 게재되었던 기사 등 화보도 병행했다.

임학선 교수의 춤 여행은 이 책을 완독하고 난 후 이제부터라는 생각이 든다. 그는 창무회 대표 이후 서울예술단 무용감독을 거쳐 현재는 성균관대 교수로 후학들을 지도하고 있으며 한국무용연구회 이사장직도 맡고 있다. 그의 40년 연륜 후반기 춤 2기의 삶은 창작·교육의 텃밭을 일구고 있는 것이다. 임학선 교수의 '남다른 생'의 한 편린들과 만나보는 지름길이 이 방대한 저서이다.

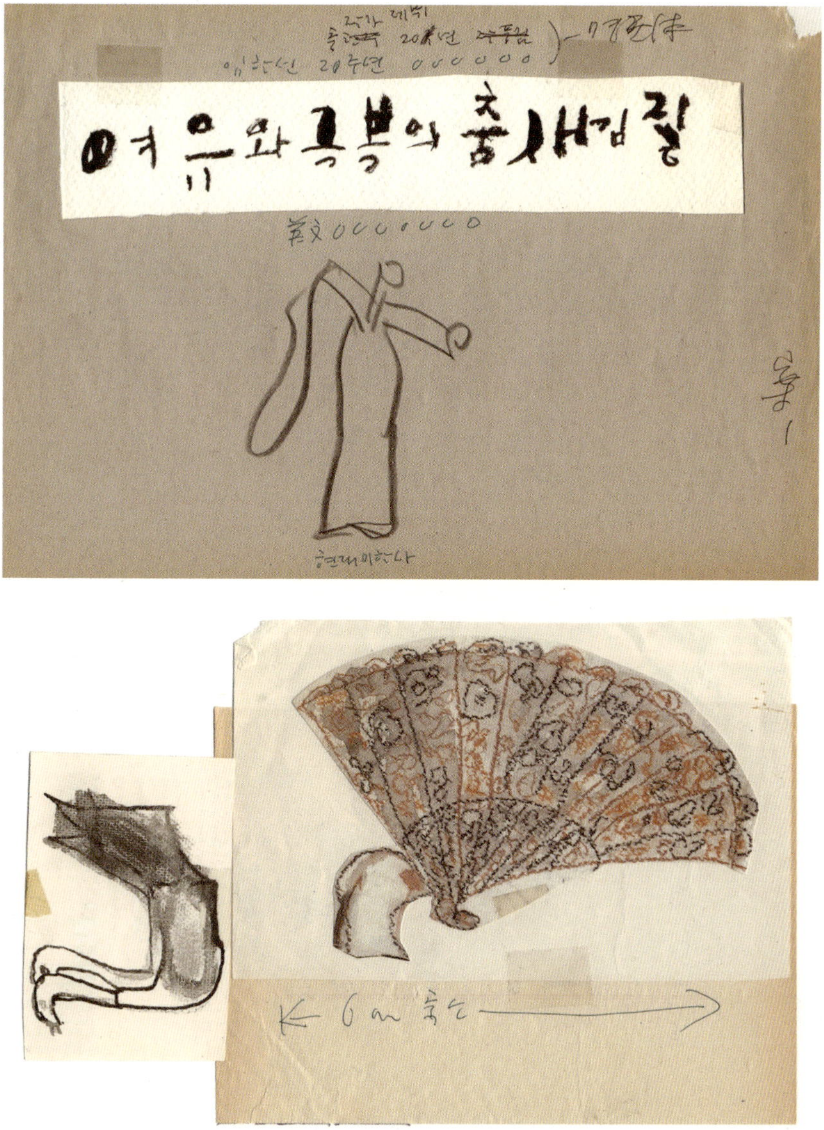

『여유와 극복의 춤새김질』의 춤새김질 표지디자인 김영태

서평

김태원 / 춤평론가

임학선 춤작가 데뷔 20년, 현대미학사 오늘의 춤작가選

춤작가 임학선(林鶴璇, 성균관대 무용학과 교수)의 '창작춤 작업 20년'을 기념해서 펴내는 이 책은 단순한 개인 자료집이나 화보집의 성격을 지양해 한국창작춤 장르의 생성과 발전 과정을 보여주는 귀중한 문헌 구실을 하면서, 동시에 한 사람의 춤예술가가 어떻게 성장·발달했는지를 보여주는 귀중한 예를 보여준다.

1976년 이화여대 한국무용 전공자들로 구성된 창무회創舞會 결성 시 창단 멤버로 참여, 80년대 초 제의적祭儀的 성격이 짙은 창작춤을 추구하다가, 일상적이며 서정적인 춤의 세계로까지 작품의 방향을 넓혀온 저자는, 부드럽고 입체적인 춤사

김태원(金泰源 : 1953~) 무용평론가. 『공연과 리뷰』 편집장으로 1981년부터 무용평을 시작하였다. 동아대학교 교수를 역임하였으며. 『후기 현대춤의 미학과 동향』(1992), 『예술춤 시대의 탐색』(1995), 『춤의 미학과 교육』(1999/개정판 2004), 『현대무용의 미학과 비평』(2003), 『우리 시대의 춤의식과 운동 2』(2011) 등 다수의 저서와 편서가 있다.

위를 추구해오면서 특히 최근 〈태극구조기본춤〉과 같은 기본춤을 발표, 우리춤의 체계적인 모습을 보여주기 위해서 애쓰고 있다. 한국창작춤의 세대 중 가장 아카데믹한 소양과 업적을 가지고 있는 저자는 춤의 교육과 현장에서 빈틈없는 섬세함을 가지고, 한국춤예술가가 가져야 할 현재와 미래의 바람직한 상像을 이 책과 다양한 스타일을 갖는 작품들을 통해 인상적으로 보여주고 있다.

This book is published in commemoration of 'the twentieth anniversary of creative dance work' of Lim, Hak-sun(professor of the Dept. of Dance, Sung Kyun kwan University). It is not a simple collection of her personal data or pictorial news, but a valuable literature to show the process of germination and development of Korean creative dance. It is also a good example to show how a dance artist has grown and developed. The author was a charter member of Chang Mu Dance Company, which was organized in 1976 by Korean dance majors of Ewha Womans University. Pursued ritual creative dance early in the 1980's, she has widened her world of dance to be ordinary and lyrical, Especially, she tries to show our dance is systematic by giving out Basic dance of Taegeuk Structure lately. She has the 'most academic' grounding and achievements among the generation of korean creative dance. With perfect delicacy in terms of education and creation, she impressively shows a desirable image of present and future Korean dance artists through this book and her works in various styles.

서평

성기숙 / 한국예술종합학교 교수

춤의 창조성과 아카데미즘 지향의 원천과 흐름

몸의 예술인 춤, 인간의 몸이 표현도구가 되는 춤은 시공간성·즉흥성·일회성이라는 속성을 갖는다. 창조에의 지속성이 제한적일 수밖에 없음을 결정짓는 이러한 속성은 춤에 있어 기록의 중요성을 부추기는 구실이 되어왔다. 춤작가 데뷔 20년을 결산한 임학선의 이번 작품집은 기록의 부재에서 오는 불만족을 어느 정도 해소시키고 있다. 이 책은 개인의 예술적 여정과 한국창작춤의 흐름도 조망할 수 있어 관심을 끈다.

그것은 창무회와 연재된 임학선 초기부터 이후 독자적 예술경향을 답보한 일

성기숙(成其淑 : 1966~) 무용평론가, 한국예술종합학교 전통예술원 교수이며, 주요 저서로 『전통의 변용과 춤 창조』(1998), 『춤의 현실과 비평적 인식』(2000), 『춤의 충돌과 화해』(2010), 『춤의 위기와 전망』(2010) 등이 있다.

련의 작업 모두를 포함하고 있다는 점에 근거한다. 또한 개인의 작품집 성격이지만 내용이 균형 있게 배치되어 있고 구체적·실질적·생산적이라는 점이 주목할 만하며, 담고 있는 내용이 방대하고 포괄적이다. 1장에서는 안무가로 데뷔한 초창기 전통(굿)에 대한 관심에서 최근의 작업 〈태극구조기본춤〉에 이르는 작품과 연관된 작가적 세계관을 짐작케 한다. 처녀작 〈소리·사위〉에서부터 〈태극구조기본춤〉에 이르기까지의 작품이 망라되어 있는 2장은 임학선의 춤작품 전체를 조감할 수 있다는 장점이 있다. 이상일·김태원·성기숙·존탐슨이 쓴 3장의 작가론과 6장의 공연평은 그녀의 작업에서 드러나는 예술적 개성과 독창성, 그리고 우리춤 예술에 있어 그녀가 차지하는 위치를 실감하게 한다. 4장의 춤인생 언저리와 5장의 춤기행은 춤작가 임학선을 둘러싼 주변적 요인들이 가감 없이 펼쳐져 있어 그녀를 이해하는 데 큰 도움을 준다.

이 책에서 춤의 창조성과 아카데미즘 두 마리 토끼를 좇는 남다른 열정이 감지되기도 하는데, 이로서 임학선은 자신의 영역을 다지면서 새로운 세기 무한공간으로 질주할 것임을 암시하고 있는 것이다.

2. 문묘일무보 도해

「문묘일무보 도해」 2005
2006년도 대한민국학술원 선정 우수학술도서

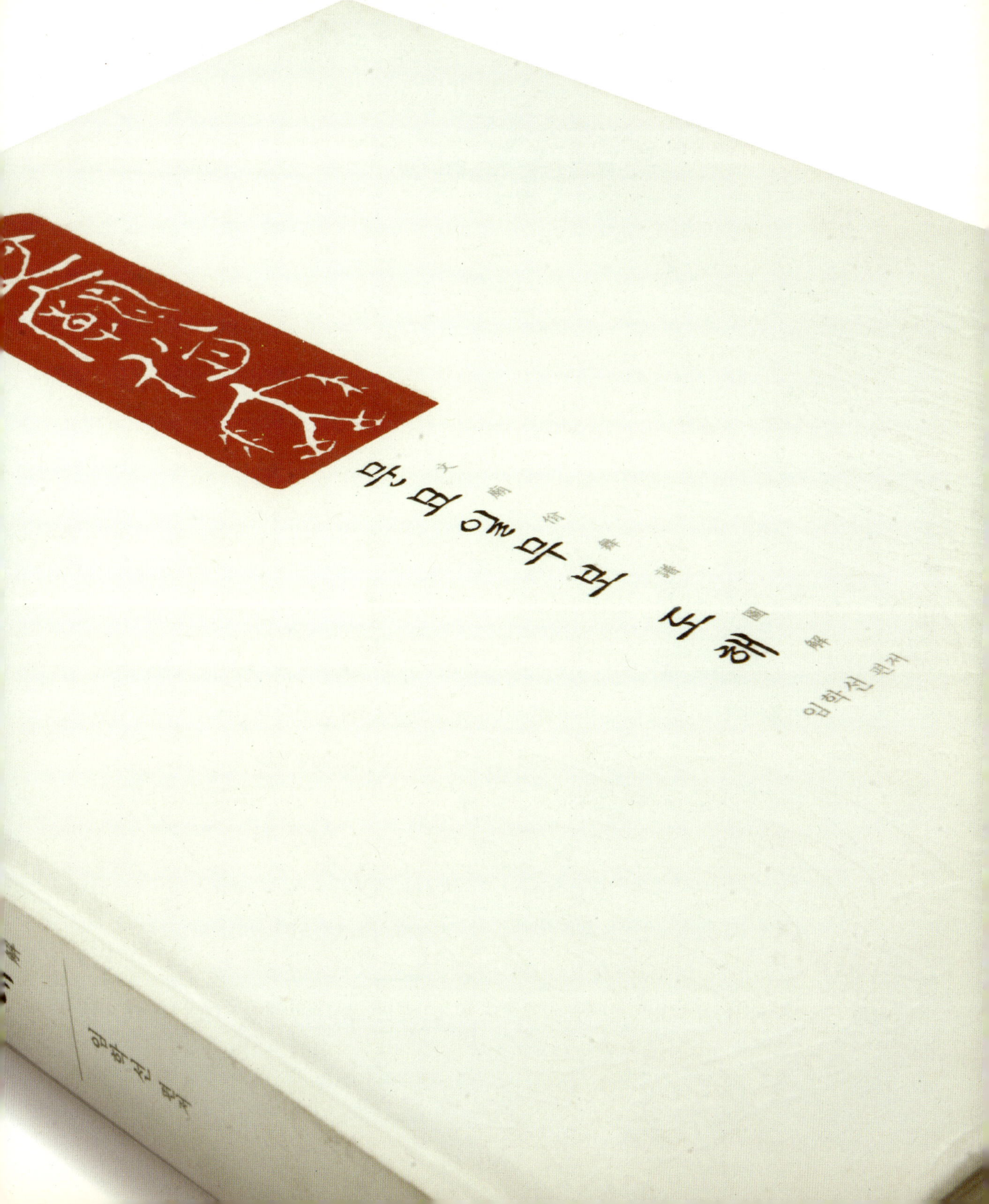
문묘일무보 도해
文廟佾舞譜圖解
임학선 편저

문묘일무보 도해

임학선 / 저자 서문

작은 떨림이 커다란 울림으로…

동양문화의 정수로 일컬어지는 문묘일무文廟佾舞는 공자의 공덕을 칭송하고 기리는 춤으로 유교의 예악사상이 심도 있게 내포되어 있다. 일무는 본래 중국 고대로부터 전해 내려오는 춤으로 공자 이전 시대부터 존재해왔으나 시대의 흐름과 더불어 공자 제사춤으로 굳어진 것이다. 고대 중국에서는 일무에 담겨진 덕목을 유가의 교육덕목 중 가장 기본적인 것으로 여겨 성정을 기르는 교과목으로 채택하여 13세부터 왕실과 고관 자제들을 교육하는 데 사용하였다. 뿐만 아니라 왕위를 주고받는 의식과 연례행사에도 일무를 추는 등 나라의 크고 작은 일에 널리 사용하였다.

현재에 이르는 문묘일무는 송나라에서 공자 제사에 사용하기 위해 특별한 목적으로 만든 춤이다. 명나라 때 문묘일무의 춤사위를 그림으로 그린 문묘일무보文廟佾舞譜를 제작하여 전하고 있는데, 무보에는 약적을 들고 추는 문무의 춤사위만을 전할 뿐 간척을 들고 추는 무무의 춤사위는 전하지 않고 있다. 문묘일무가 우리나라로 전래된 것은 1116년 고려 예종 때이며, 전래된 이후 약 천여 년 동안 석전의식에서 추어졌고 시대 흐름에 따라 다소 변화가 있었으나 문무와 무무를 모두 지켜오고 있다. 그럼에도 문묘일무와 관련된 뚜렷한 문헌이 전하지 않아 그 내용을 상세히 파악하는 데는 한계가 있었다. 필자는 이와 같은 문묘일무 연구를 위해 고문헌 발굴에 몰두하게 되었고, 춤사위가 그려진 문묘일무보를 수집하기에 이르렀다.

문묘일무의 관련 자료가 모두 소멸된 것으로 알고 있었기 때문에 무보를 처음 접했을 당시 나는 놀라움과 두근거림으로 몸을 움직일 수조차 없었다. 떨리는 손으로 한 장 한 장 춤사위를 그린 무보를 넘길 때마다 감탄사가 저절로 튀어나왔다. 마치 무대에서 춤을 출 때 하나의 작은 점이 수많은 점으로 이어져 선에서 원으로 확장되어갈 때 느끼는 전율과도 같은 황홀경이었다. 아니, 그 이상이었을 것이다. 무보에 그려진 500여 년 전의 일무는 품격을 지니는 매우 의식적인 제례무임을 한눈에 알 수 있었으며, 한·중 무보 분석을 통해 한국 문묘일무가 유래되고 정립된 역사적 배경과 시대의 흐름에 따라 변화된 춤사위의 변모 양상을 파악할 수 있었다.

문묘일무가 어떤 춤인지 자세히 알기 어려운 상황에서 중국 문헌 13종과 함께 우리나라 문헌 4종을 수집할 수 있었던 것 또한 매우 의미 있는 일이라 여겨진다. 17종의 무보 모두 귀중한 자료라 생각되어 두 권의 책으로 출판하기로 하였다. 무보에 수록된 술어를 알기 쉽게 국역한 무보집『문묘일무보 도해』와 무보집의 이해를 돕는 이론서『문묘일무의 이해』가 그것이다. 한자에 대한 지식이 부족한 필자가 술어를 해석하는 일은 쉽지 않았다. 한학에 밝은 선생님을 찾아 지방을 여러 차례 오고 가며 서로 의견을 나누고, 제자들과 함께 옥편을 찾아가며 한 글자씩 그 뜻을 풀이

하고, 그 뜻에 따라 만들어진 춤사위의 의미를 한 동작씩 풀어가는 재미와 감수 과정을 거치는 동안의 느낌은 무어라 형용할 수 없는 감흥이었다. 이제는 문묘일무 연구에 함께 참여했던 제자들도 한자로 된 춤사위의 술어는 거뜬히 읽어낸다. 큰 고마움이 아닐 수 없다.

술어의 국역을 마친 후 세 번의 문묘일무 춤사위 원형 복원을 위한 학술시연을 통해 500여 년 전의 문묘일무 춤사위 그대로를 재현해보는 검증 과정을 거쳤다. 미비점을 수정, 보완하였음에도 불구하고 아직까지 풀리지 않는 숙제는 여전히 남아 있다. 이 책을 접하게 될 많은 분들께 이 점 송구스럽게 생각하는 바이다. 무보집이 출간된 후에도 이에 대한 연구는 지속될 것이므로 여러분의 관심과 질정을 바란다.

서평

이상은 / 상지대학교 교수

문묘일무 연구의 새로운 출발

임학선 교수가 성균관대학교 출판부에서 『문묘일무보 도해文廟佾舞譜圖解』를 출간했다. 임 교수의 이번 연구는 그동안 방기되었던 문묘일무 연구의 새로운 출발점이 된다는 점에서 큰 의의를 찾을 수 있다. 한국 무용학계로 보아서도 크나큰 소득이 아닐 수 없다.

저자는 이번 연구를 통해 "문묘일무의 뿌리와 의미를 찾을 수 있었으며, 특히 문묘일무는 하늘과 땅과 인간이 하나가 되는 염원이 담겨 있고, 동양의 예의범절이

이상은(李相殷 : 1956~) 현재 상지대학교 교수로 인문사회대학장과 대학원장을 역임하였다. 성균관대에서 예술철학을 전공, 특히 예악사상 연구에 주력해오면서 성균관대, 서울대, 한국종합예술학교, 추계예술대학 등의 대학원에서 예악사상 관련 강의를 해왔다. 박사학위논문 「유교의 예악사상에 관한 연구」와 저서 『중국의 종교와 자연』(공저), 『현대인의 유교읽기』(공저), 『아세아 문화사』(공저)가 있다.

다 들어 있는 춤이라는 걸 알게 되었다"고 말한다. 그러면서 "성균관의 석전과 문묘일무의 역사를 보다 면밀히 밝히는 것이 본인 연구의 궁극적인 목표"라고 밝혀 차후 일련의 연구 결과에 대한 기대를 갖게 한다.

이번 『문묘일무보 도해』의 발간은 단기간에 이루어진 것이 아니다. 예술뿐만 아니라 학문적인 분야에도 매우 부지런하고 열정적인 저자의 오랜 노력과 공력이 이루어낸 값진 결과물인 것이다. 원래 한국무용을 전공했던 저자는 자신이 재직하고 있는 성균관대학교 캠퍼스 안에 있는 성균관成均館에서 매년 두 차례 열리는 석전대제釋奠大祭에 문묘일무가 행해지는 것을 보면서 무용학적으로 대단히 가치가 있을 것으로 기대했다. 그때부터 문묘일무에 관한 자료를 찾고 동양사상도 공부하면서 이 연구를 본격적으로 시작한 셈이다.

저자가 이렇게 7년 이상의 세월을 문묘일무에 천착했지만 가시적인 성과는 없었다. 그러던 중, 3년 전부터는 아예 중국의 도서관과 고서점을 직접 찾아다니며 자료를 구했다고 한다. 이 책은 바로 저자의 이런 각고의 노력으로 수집한 중한 양국의 문묘일무에 관한 17종의 무보舞譜를 엮어 만든 귀한 책이다. 음악에는 악보가 있어야 하듯이, 무용에는 무보가 있어야 원형이 보존되고 계속 공연되면서 발전할 수 있는 것이다.

문묘일무는 석전의례의 중요한 부분이다. 석전釋奠은 원래 고대 중국의 학교에서 선성先聖과 선현先賢에 대해 제사를 지내는 의식이었다. 소, 양, 돼지 등의 희생을 제물로 올리고, 음악을 연주하며 제사 지내는 것을 석전이라 했으며, 희생 없이 소채蔬菜만을 올리고 음악 연주가 없는 것을 석채釋菜라고 하였다. 석전이 공자孔子와 유가儒家의 선현에 대해 제사하는 공식적 의례를 의미하게 된 것은 후한後

漢의 광무제光武帝가 공자와 72제자를 제사하면서부터이다.

일무佾舞의 역사는 상고시대로 거슬러 올라간다. 일무란 열列, 즉 줄을 이루어 추는 춤으로 주대周代에 이미 6대의 악무樂舞, 즉 황제黃帝의 운문雲門, 요제堯帝의 함지咸池, 순제舜帝의 대소大韶, 우왕禹王의 대하大夏, 탕왕湯王의 대호大濩, 무왕武王의 대무大武를 춘 것으로 보인다.

문묘文廟란 문선왕묘文宣王廟의 줄임말이다. 문선왕은 공자의 시호諡號이니, 문묘는 즉 공자의 신위를 안치한 사당을 말한다. 그러므로 문묘일무란 공자의 제사에서 추는 춤을 말하는 것이다. 『문묘예악고文廟禮樂考』에는 동한東漢 장제章帝가 노나라를 지나다가 공자에게 제사를 지내면서 처음으로 육대지악六代之樂을 베풀었다는 기록이 있다. 이후로 석전의례의 변천과 더불어 문묘일무의 내용과 형식도 변화했음은 물론이다. 문묘일무가 우리나라에 전래된 것은 고려 예종 때(1116)일로 중국 송나라로부터였다.

문묘일무는 단순한 춤이 아니라 종교적, 철학적, 교육적 성격을 갖는 예악사상이 잘 표현된 유교문화의 중요한 부분이라고 할 수 있다. 하지만 그동안 문묘일무에 대한 연구는 문헌 부족과 관심의 결여로 거의 이루어지지 않았다고 해도 과언이 아니다. 저자의 헌신적인 노력으로 문묘일무의 춤동작이 그림으로 그려지고, 춤사위의 술어가 기록된 귀중한 자료들을 발견한 것이다.

자료의 발견도 쉽지 않았지만, 무보에서 춤의 동작을 서술한 술어述語를 우리말로 풀어내는 작업은 여간 힘든 일이 아니다. 무용을 전공한 저자가 한문에 능한 전문 학자들의 도움을 받으면서 혼신의 노력으로 이 작업을 한 과정을 필자도 잘 알고 있다. 이 일은 단순히 한문만 잘 아는 것으로 해결되는 일이 아니다. 무용과 한문에 대한 양쪽의 지식이 다 필요한 부분이기 때문이다.

이 책에 수록된 무보는 중국 명청明淸시대의 문묘일무보 13종과 조선시대 및 개화기의 문묘일무보 4종이다. 궐리지闕里志, 남옹지南雍志, 황조태학지皇朝太學志, 삼재도회三才圖會, 반궁예악소泮宮禮樂疏 등이 명대明代의 것이고, 반궁예악전서頖宮禮樂全書, 대성통지大成通志, 궐리광지闕里廣志, 문묘예악고文廟禮樂考, 국학예악록國學禮樂錄, 문묘정재보文廟呈才普, 청읍반궁예악도설淸邑泮弓禮樂圖說, 성문악지聖門樂志 등이 청대淸代의 것이다. 조선시대의 것으로는 춘관통고春官通考가 있고, 개화기의 것으로는 궐리지闕里志, 속수성적도후학록續修聖蹟圖後學錄, 공부자성적도성학연원유림록孔夫子聖蹟圖聖學淵源儒林錄이 있다.

저자는 이들 무보의 춤동작 그림은 물론 춤사위 술어를 차례로 해독하여 싣고, 책의 말미에 '문헌별 문묘일무의 특징'과 '춤사위 용어 해설'을 붙여 독자의 이해를 돕고 있다. 그동안 주목받지 못하고 있던 문묘일무보를 찾아낸 사실이 일종의 쾌거라면 여기에 수록된 술어를 정확히 고증하고 알기 쉽게 풀어서 『문묘일무보 도해』를 책으로 출간한 것은 또 하나의 대단한 성과라고 하겠다.

저자는 이 책에 이어 문묘일무의 역사적 배경과 변화를 총체적으로 다룰 이론서인 『문묘일무의 이해』를 내겠다는 포부를 이 책의 서문에서 분명히 밝히고 있다. 다시 한 번 저자의 학문적 열정과 진지한 노력에 경의를 표하며, 계속되는 연구로 문묘일무의 원형을 찾고 예악사상의 진수를 이해하는 데 큰 공헌을 하리라 기대한다.

인터뷰

임학선·김미영 / 성균관 유교신문 기자

한·중 문묘일무 총망라 무보집 출간

김미영 먼저 이번 책 출간을 축하드리고, 늦게나마 올해 초 예술상 무용부문의 수상도 함께 축하드립니다. 간단하게 소감을 듣고 싶습니다.

임학선 이번 연구를 통해 문묘일무의 뿌리와 의미를 찾을 수 있었습니다. 특히 문묘일무는 하늘과 땅과 인간이 하나가 되는 염원이 담겨 있고, 동양의 예의범절이 다 들어 있는 춤이란 걸 알게 되었습니다. 그렇지만 제 연구의 궁극적인 목적은 성균관의 석전과 문묘일무의 역사를 보다 면밀히 연구하는 것입니다. 이번 책은 우리 것을 연구하기 위한 선행 작업으로, 이제 첫발을 내딛었다고 생각합니다. 그리고 예술상은 무용계의 일꾼으로 더욱 열심히 일하라는 뜻으로 생각합니다.

김미영 문묘일무에 대한 연구는 이미 7년 전부터 시작하신 것으로 알고 있습니다. 문묘일무에 관심을 갖게 된 특별한 계기가 있으셨는지 궁금합니다.

임학선 학교에서 매년 두 차례 열리는 석전대제에서 문묘일무를 봤습니다. 춤의 옛 흔적이 남아 있을 거라 생각했고 무용학적 가치가 있을 것으로 기대했습니다. 그때가 7년 전이죠. 하지만 가닥조차 잡기가 어려웠고 궁금증만 더해갔지요. 그래서 도서관을 뒤지며 문묘일무에 관한 자료를 찾고 동양사상도 공부했습니다. 그 과정 중에 일무와 관련된 고문헌도 찾을 수 있었어요. 3년 전부터는 중국의 도서관과 고서점 등을 직접 찾아다니며 자료를 찾았습니다. 이번 책은 그렇게 수집한 17종의 무보를 엮어 만든 결과물입니다.

김미영 우리나라와 중국의 일무를 총망라한 이번 연구를 통해 새롭게 밝혀진 내용이나, 기존의 내용과 다른 점이 있다면 어떤 내용인지 말씀해주십시오.

임학선 원래 문묘일무는 공자를 칭송하고 기리는 제례의 춤으로 알려져왔으나, 이 춤은 공자 이전 중국 고대로부터 전해 내려오는 춤이었다는 것을 알게 되었습니다. 뿐만 아니라 『궐리지』, 『남옹지』 등 고서에 나와 있는 무보와 비교해보면 잘못된 동작들이 한두 가지가 아닙니다. 예를 들면 고서에는 무용수가 꿩털과 피리를 십자 형태로 겹쳐서 들어 올리는 대목을, 실제 석전대제에서는 '11'자로 평행하게 들어 올리고 있습니다. 800년 전 우리나라에 소개될 때는 원본과 다르지 않았겠지만 수백 년이 흐른 지금 원본 없이 추다보니 변형된 것 같습니다.

김미영 올해는 문묘일무에 대한 연구뿐 아니라, 교수님께서 이끌고 있는 '임학선댄스위'가 중국 취푸(곡부)에서 공자 탄신 2555주년을 기념해 열린 '국제공자문화절' 개막식에서 전통춤에 기반을 둔 창작춤 〈위대한 스승 공자〉를 공연해 국내외 언론의 주목을 받았는데요. 〈위대한 스승 공자〉를 공연하게 된 동기와 공자의 고향인 중국에서 공연한 소감을 듣고 싶습니다.

임학선 처음부터 공자를 주제로 무용을 만들 생각은 아니었지만, 문묘일무에 관심을 가지면서 공자라는 인물의 생애와 문묘일무라는 공자 추모 춤을 결합해 작품을 만들 수 있을 것이라고 생각했습니다. 2002년 성균관대 예술학부와 취푸대학이 교류를 시작하면서 이곳에서 대규모 공자문화축제가 열린다는 것을 알았습니다. 나는 '공자'를 주제로 한 춤을 구상 중이었고, 마침 취푸대학 측의 적극적인 추진으로 성사되었던 것입니다. 공자의 고향에서 '공자'를 소재로 한 작품을 하게 되어 감회가 새로웠지만, 그것보다는 공자의 사상을 우리춤 문화로 자리 잡은 문묘일무와 한국 전통춤을 결합해 표현했다는 점에 더 큰 의의를 두었고, 세계 무대를 향한 첫걸음이라고 생각했습니다.

김미영 문묘일무에 관한 연구와 관련, 최근 3차 학술시연을 열어 그간의 연구 성과를 발표하신 것으로 알고 있습니다. 그간의 진행 과정과 앞으로의 계획을 말씀해주십시오.

임학선 이번에 출간한『문묘일무보 도해』는 지난달 독일 프랑크푸르트 국제도서전에 출품했고, '임학선댄스위'가 그곳에서 문묘일무와 창작춤 〈위대한 스승 공자〉를 공연했습니다.

임학선 더욱 뜻깊은 것은, 오는 23일 성균관과 석전보존회가 후원하는 '석전학회'가 창립됩니다. 이 학회의 창립과 함께 석전대제에 대한 연구는 더욱 활발해질 것으로 생각합니다. 또한 다음 달엔 문묘일무의 역사와 춤사위 구조를 밝힌 책 『문묘일무의 이해』를 내놓을 예정이며, 세계적인 무용가 피나 바우쉬의 초청으로 독일 부퍼탈에서의 공연을 남겨 놓고 있습니다. 내년에는 한-프랑스 수교 120주년 기념 파리 공연과 강연을 추진 중입니다.

김미영 『문묘일무의 이해』는 어떤 내용인가요? 이번에 출간된 책과 관련이 있을 것으로 생각되는데, 설명을 부탁드립니다.

임학선 이번에 나온 책이 주로 무보를 중심으로 그간에 수집한 17종의 무보를 모아 문헌별 일무의 특징을 정리한 것에 의의를 두었다면, 앞으로 나올 『문묘일무의 이해』는 무보에 보이는 동작 하나하나마다 그것에 담겨진 뜻과 동양철학적 사상을 설명하는 데 주력했습니다. 또한 지금까지 수집한 17종의 무보뿐 아니라 현재 송나라 때의 자료도 찾았으며, 주나라 시대의 무보도 찾을 수 있을 것이라는 희망을 갖고 있습니다. 계속해서 자료를 수집하는 데 총력을 기울일 것이며, 이러한 작업을 거쳐 성균관의 석전대제가 더욱 체계적으로 예와 악을 아우르는 철학적 사상의 보고寶庫가 될 수 있도록 최선을 다하고자 하는 마음입니다.

김미영 무척 바쁜 일정을 보내고 계신데, 마지막으로 문묘일무를 연구하면서 개인적인 바람이 있다면 무엇입니까?

임학선 중국은 현재 문묘일무의 무보에 문무의 춤사위만 전해지고 있는 상황이고, 우리나라에서만 문무와 무무를 모두 합친 일무가 원형대로 전승돼오고 있어 자긍심을 느낍니다. 특히 지난해 문화재청이 성균관 석전대제의 유네스코 세계문화유산 지정을 추진키로 결정한 바 있는데, 중국에서도 석전대제를 유네스코 문화유산으로 등록하려 한다고 들었습니다. 개인적인 바람은 우리의 성균관 석전대제가 문화유산으로 지정되도록 석전대제 연구에 더욱 주력해 조금이나마 도움이 되었으면 하는 마음입니다. 또한 저의 연구를 시작으로 많은 후학들이 춤의 동양철학적 사상 연구에 맹진해주길 바라는 마음입니다.

3. 문묘일무의 이해

「문묘일무의 이해」 2006

문묘일무의 이해

임학선 / 저자 서문

춤으로 보는 역사

유교예술문화의 꽃으로 일컬어지는 문묘일무는 최고의 품격을 지니는 춤이다. 그럼에도 불구하고 문묘일무는 공자를 제사하는 춤으로만 알려져 있을 뿐 무용학계에서조차 어떤 춤인지 잘 알려져 있지 않다. 한자로 전해지는 춤의 내용이 생소하고 어려워 쉽게 이해되지 않기 때문에 이 책 또한 잘 읽히지 않을 수 있다. 그러나 무용을 전공한 사람이라면 한 번쯤은 꼭 접해보아야 할 춤이 곧 일무인 것이다.

그 이유는 춤의 시작이 제례에서 비롯되고 그 춤 속에 담겨진 의미가 현대사회에 시사하는 바가 매우 크기 때문에 춤꾼이나 춤을 연구하는 사람들 모두에게 도움이 될 수 있기 때문이다. 성인 공자는 "나는 오직 하나의 도로 모든 도로 통하고 있다"고 하였고, "옛것을 좋아하고 끊임없이 연구하고 배운다면 곧 변화가 나타나게 된다"라고 말하였다. 문묘일무라는 옛 춤 속에 담겨 있는 삶의 지혜를 통해 오늘 우리의 삶을 더욱 값지게 하는 계기가 될 수 있을 것이라는 기대 또한 갖게 된다.

본서는 문묘일무의 이해를 돕기 위한 최초의 이론서이다. 극히 제한적이기는 하지만 『문묘일무보 도해』에 수록된 17종 각각의 무보를 분석하고, 이들을 서로 크로스 체크 하는 비교 연구를 통해 문묘일무를 보다 용이하게 이해할 수 있도록 정리하였다. 『문묘일무보 도해』가 문묘일무의 춤사위를 지시하는 술어를 알기 쉽게 국역한 책인 반면, 『문묘일무의 이해』는 고대 중국으로부터 이어진 문묘일무의 유래와 역사, 문묘일무의 정립, 문묘일부의 무보, 문묘일무의 구조, 문묘일무의 춤사위 술어, 문묘일무의 유형과 변이 등 모두 여섯 장으로 구분하여 풀이한 책이다.

『문묘일무보 도해』에 이어 『문묘일무의 이해』를 펴내면서 보람을 갖는 것은 그동안 공개되지 않았던 귀중한 자료인 『악률전서樂律全書』의 '육대소무보六代小舞譜'와 『송사宋史』에 전해지는 송나라의 문묘일무 춤사위 술어 두 종류를 추가로 수집하여 풀리지 않던 문제를 해결할 수 있었던 점이다.

『악률전서』의 육대소무보는 명나라 시기에 주재육이 쓴 책이다. 이 책에는 그동안 찾을 수 없었던 무무의 무보를 포함하여 여섯 종류의 무보가 수록되어 있다. 육대소무보는 육대대무六代大舞를 그린 것으로 주나라의 육대대무와 송, 명, 청대의 문묘일무가 서로 깊은 관련이 있음을 분석할 수 있었다. 이에 근거하여 문묘일무의 유래를 주나라의 육대대무까지 소급해서 밝힐 수 있었다. 더욱이 육대소무보에 전해지는 무무는 공자가 당대의 음악가들과 논하였던 주나라 무왕의 춤 〈대무〉를 그린 것으로, 그것은 곧 『예기』 「악기」에 전해지는 무무의 내용과 같은 것임을 확인하는 성과도 있었다. 문무의 무보에 이어 무무의 무보를 확보함에 따라 문무와 무무의 원형 복원이 모두 가능해진 것이다.

『송사』에서 확인되는 두 종류의 문묘일무는 신종 2년에 만든 춤과 섭방이 만든 춤이다. 그것은 주나라에서 송, 명, 청대로 이어진 문묘일무의 흐름을 구체적으로 파악할 수 있는 중요한 자료로서 문무와 무무의 춤사위 술어가 모두 전해진다. 송나라의 춤사위 술어를 분석한 결과 송나라 시기에 만든 일무는 주나라의 제도를 그대로 이은 것이고, 명·청대의 무보는 송나라의 술어를 토대로 춤사위를 그린 것임을 확인할 수 있었다. 또 한편으로는 조선시대의 일무가 송에서 명으로 이어진 일무의 춤사위와 동일한 것임이 확인됨에 따라 우리나라의 일무가 송으로부터 유래된 것임을 입증하는 근거를 확보하는 성과도 있었다.

이 같은 연구 성과가 있었음에도 불구하고 한 가지 아쉬움으로 남는 것은 일무에 대한 역사를 각 시대별로 자세하게 논하지 못하고 기록으로 확인된 내용만을 다루게 됨으로서 주나라에서 송나라로 뛰어넘을 수밖에 없었던 점이다. 이는 자료수집의 한계에서 오는 문제로 다음 연구의 과제로 남긴다.

"한국 팔일무 독창성은 文武의 조화"

팔일무 기원 추적 '문묘일무의 이해' 펴낸 임 학 선 교수

임학선 교수

해마다 봄 가을이면 성균관의 공자사당 문묘(文廟)에서는 공자를 기리는 석전대제(釋奠大祭·중요무형문화재 제85호)가 치러진다. 이 제례에서 가장 화려한 볼거리는 팔일무(八佾舞)라는 춤. 가로와 세로로 8명씩 줄지어 서 64명이 함께 추는 이 춤은 공자의 예악(禮樂)사상을 형상화한 춤으로만 알려져 있다.

이 팔일무의 기원과 변형에 대해 연구해 온 학자가 있다. 지난해 팔일무에 대한 기록을 담은 17종의 문헌을 추적해 '문묘일무의 도해'를 펴낸 데 이어 최근 이를 바탕으로 '문묘일무의 이해'를 펴낸 임학선(무용학) 성균관대 교수.

"한국에서는 팔일무를 비롯해 석전대제의 제의가 유교의 본고장인 중국보다 더 잘 보존되고 있다는 믿음이 있는데, 이런 통념은 절반은 맞고 절반은 틀립니다."

임 교수는 전통 춤의 원형을 현대 창작무용과 연결시키는 작업을 펼쳐왔다. 임 교수와 제자들은 2000년부터 석전대제에서 팔일무를 공연했다.

"일무는 제례용이 아니라 국가의례용 춤이었습니다. 일무는 '줄을 지어 추는 춤'을 뜻하는데 천자 앞에서는 팔일무, 제후 앞에서는 육일무, 대부 앞에서는 사일무 하는 식으로 줄의 수를 통해 춤의 등급을 규정지은 형식을 말할 뿐 춤의 내용을 규정하는 장르의 개념은 아니었습니다."

명조이후 중국은 文舞만 남아

원형에 더 가깝게 복원한 뒤 세계무형문화유산 등재 추진

신분에따라 춤이 두 줄씩 줄어든 것은 음양의 춤사위가 두 줄 씩 짝을 이루기 때문이다. 오늘날 전해지는 팔일무는 송나라 때 재정립된 것. 송 철종(1089년) 때 섭방(葉防)이라는 인물이 고대의 일무를 바탕으로 문무(文舞)와 무무(武舞)라는 새로운 일무의 춤사위를 확립했다. 흥미로운 점은 이후 명·청대 중국에서는 문무만 추었던 반면 한국에서는 문무와 무무를 함께 추는 전통이 이어져 왔다는 것.

"문무와무무가 한국에 전해진 것은 고려 예종 11년(1116년) 때입니다. 이후 고려와 조선에서는 문무와 무무의 전통을 이어왔으나 중국에서는 문무만 전해오다가 그나마 청대 때 변형됐습니다."

그러나 임 교수는 한국 팔일무가 원형에 충실하다는 주장을 펴기에는 문제점이 많다고 지적한다.

"문무는 피리와 꿩 깃털을 쥐고 추고, 무무는 도끼와 방패를 들고 춥니다. 현재의 무무는 도끼와 방패를 들었을 뿐 춤사위는 문무의 동작을 그대로 쓰고 있어 엉성한 부분이 많습니다. 또 천(天)-지(地)-인(人)의 합일을 나타내는 십자동작에서 방패를 세로로 세우고 도끼를 가로로 눕혀야 하는데 한국 팔일무는 그 반대입니다."

임 교수는 두 연구서를 바탕으로 빠르면 2007년경 팔일무를 원형에 더 가깝게 복원하는 것을 목표로 5월 창립된 석전학회와 협의를 진행하고 있다.

"한국은 문묘제례의식의 세계무형문화유산 등재를 추진 중입니다. 문무와 무무를 같이 해온 한국 팔일무의 독창성을 인정받기 위해서라도 원형에 대한 섬세한 복원이 필요합니다."

임 교수는 그 과정의 하나로 팔일무를 현대무용과 접목시킨 90분짜리 창작무용극 '공자'(2004년 작)를 10월 한-프랑스 수교 120주년을 맞아 파리 유네스코회관에서 선보인다.

권재현 기자 confetti@donga.com

↑ 성균관대 무용학과 학생들이 펼치고 있는 팔일무 중 무무의 한 춤사위. 왼손으로는 간(방패)을 세워들면서 오른손으로는 척(도끼)을 들고 있다.

← 팔일무 중 문무의 춤사위. 천-지-인의 합일을 나타내기 위해 오른손에 든 약(피리)과 왼손에 든 적(꿩 깃털)을 교차시키고 있다.

→ 오른쪽 아래는 중국의 옛 무보에 등장하는 무무의 춤사위. 왼쪽 위의 그림은 문무의 춤사위.

사진 제공 임학선 교수

동아일보 2008. 7. 16

서평

박자은 / 성균관대 강사

授受之禮를 담은 새로운 춤의 역사

윤리와 도덕은 인간을 가장 아름답게 하는 전제조건으로, 이 중 최고의 덕목은 바로 인간의 예절이다. 그렇다면 춤으로서 예절을 형상화한 것에는 어떠한 것이 있을까? 이에 필자는 보은報恩의 달인 5월을 맞아 유가의 예악사상이 심도 있게 관철된 책 한 권을 소개하고자 한다.

임학선의 『문묘일무의 이해』(2006)는 출간과 동시에 세간에 이목을 집중시킨

박자은(朴姿垠 : 1972~) 무용비평 전공. 2008년 성균관대학교에서 「무용비평가 강이문의 예술관과 비평적 특성에 관한 연구」로 박사학위를 취득하였다. 2009~2010년 무용전문지 『몸』에 서평을 기고한 바 있고, 2012년부터 『댄스포럼』에 공연 리뷰를 게재하고 있다. 2014년 두리무용예술상 〈평론상〉을 수상하였고, 현재 성균관대 유가예술문화콘텐츠연구소 수석연구원으로 활동 중이다. 이 글은 『몸』(2009. 5)에 기고한 서평이다.

책이다. 저자는 앞서 출간된『문묘일무보 도해』(2005)를 통해(술어 분석) 중국 명·청대의 문묘일무보와 조선시대와 개화기의 문묘일무보를 비교 분석하였고, 그녀의 학구열은 이듬해 봄『문묘일무의 이해』로 더욱 구체화된 연구물을 발표하게 된다.

저자 임학선은 일찍이 굿에 대한 연구를 바탕으로 그녀의 춤 세계를 구축하였고, 굿 의식에서 표출되는 엑스터시를 춤에 투영하여 창작을 일으킨 현대 춤작가이다. 특히 그녀의 전통의식은 현대와의 연결선상에서 항상 연구의 초점이자 동인을 이루었다.

"옛것을 좋아하여 끊임없이 연구하고 배운다면 곧 변화가 나타나리라"고 말씀하신 옛 공자님의 참뜻이 내 마음에 와 닿음을 고백하지 않을 수 없다…

〈저자 임학선의 서문 中〉

문묘일무란 석전대제에서 공자를 추모하는 유교 제례무이다. 따라서 그 내용은 스승에 대한 공경의 예를 춤으로 표상하고 있다. 저자는 상고시대 이래 무용의 역사를 추적하기 위해 춤의 연원을 중국의 고대까지 거슬러 올라갔으며, 일무가 지닌 정신과 그 법도는 오늘날 인간 세계의 일상적 예의범절과 맞닿은 것임을 헤아리고 있다.

다시 말해 일무가 지닌 철학성이 인간의 기본적 예의범절을 담은 일상성으로 환원된다는 점에서, 공연예술의 형태로 바라보는 막연한 인식에서 벗어나 춤이 담고 있는 역사적 연원을 추적하고 그에 내재한 인류적 예의 질서를 간파하게 해주는 특별한 계기를 제공한다. 공자에 대한 예의 표명이 사제지간의 예를 넘어 인류적 예의범절을 의미하고 있음을 말이다.

우주와 자연의 섭리가 그러하듯, 우리의 삶 속에 더 나아가 인간의 행위 하나 하나에도 법칙이 존재한다. 이러한 법칙을 흔히 질서라 하는데, 이때의 질서란 사람들 간의 예절과도 같다. 때문에 공자를 추모하는 일무는 스승에 대한 공경의 예를 절대적으로 응축한 것이므로 인류의 질서인 예의범절을 표상한 춤이다. 특히 학문의 전당인 대학에서의 일무는 스승에 대한 공경과 사양 그리고 겸양의 의미를 내포하는 것이다. 이와 같이 동서고금을 막론하여 인간의 예의질서를 확립하는 데 근간이 된다는 점에서 문묘일무의 가치는 아무리 강조해도 지나칠 수 없다.

일무는 중국에서 시작되어 고려시대에 수입되었지만, 오늘날 동방예의지국인 우리나라로 하여금 그 명맥이 주도되었다는 점은 후세인들이 자부심을 갖기에 충분하다. 저자는 예악사상이 담고 있는 문묘일무가 일반 무용과 어떠한 차별성을 지녔는지에 대해 궁구하였고, 그에 대한 실마리는 중국의 요제·순제의 '서로 주고받음에 대한 예'를 일컫는 수수지례로부터 풀어내고 있다. 문묘일무는 진퇴의 보법과 읍·사·겸의 예를 상징하는 춤사위를 총체적으로 표현하고 있으며, 96종의 춤사위를 구성하는 기본적 구조는 삼진·삼퇴·삼읍·삼사·삼겸에 의해 이루어짐을 입증하고 있다. 이 밖에도 일무의 철학적 해석을 위한 결실로는 무구와 동작은 물론 무표에 이르기까지 음양과 태극의 원리를 대입하여 읽어내고 있다.

『문묘일무의 이해』는 일무를 단일 레퍼토리로 종합화한 최초의 이론서이다. 때문에 이 책이 갖는 차별성이란 문묘일무를 통해 그간 모호성을 탈피하지 못한 채 진행되어온 무용학 연구의 실체적 규명이라는 점에서 돋보이는 작업이 아닐 수 없다. 춤의 이름으로 인식되었던 일무가 문무文舞와 무무武舞의 술어 분석을 통해 재정리되었고, 소멸된 것으로 여겨졌던 무무의 흔적 또한 찾을 수 있었기 때문이다.

이 밖에도 저자는 일무의 역사를 비롯하여 유래, 철학, 구조, 유형과 변이에 이르기까지 춤을 통해 인류의 흔적마저 돌이켜볼 수 있는 새로운 역사관을 제시하고 있다. 한편 부록으로 꼼꼼히 정리되어 있는 용어 해설과 중국의 역대 왕조표는, 그녀의 학문적 애착과 세심함이 다시금 독자의 편의로 제공되고 있음을 확인할 수 있게 한다.

춤이란 몸이 말하는 언어이다. 더욱이 그 충만함이란 영혼을 자극하기에 충분하다! 그래서일까? 저자는 서문에서 "하나의 춤의 이름으로 인식되었던 일무가 하나의 춤의 형식으로 정의되었다는 점에서 가장 큰 보람을 느낀다"고 말하고 있다. 그럼에도 산재된 기록 중에서 입증된 자료를 위주로 하였기에 연대기별 분석을 할 수 없었다는 점은, 문묘일무 문헌고증의 난점과 한계를 극복하기가 얼마나 어려운 것인가를 짐작하게 한다.

『문묘일무의 이해』에서 펼쳐낸 일무에 대한 해석과 논의는 분명 현대적 시각에서 해석되고 도출된 것이다. 저자 임학선의 바람처럼 우리춤에 대한 모호한 이해에서 벗어나 전통에 깃든 현대성을 읽어낼 수 있길 필자 역시 기대하며, 다음 출간에 박차를 가하고 있을 스승의 학자적 포스를 조심스레 떠올려본다.

스승의 날! 5월 15일은 세종대왕의 탄신일이기도 하다. 어느 17세 학생의 제안이 계기가 되어 병석의 스승을 위문하는 데에서 비롯된 본래의 취지가 퇴색되지 않길 바랄 뿐이다. 마음의 카네이션을 가꾸며 말이다. 지금의 나를 있게 한 그 어떤 스승이라도 좋다. 그가 혹은 그녀가 선생님이라는 거룩한 이름을 가진 것만으로 충분하다. 어느 현인의 말씀처럼, 스승의 흔적보다는 스승의 마음을 파악하려는 노력이 앞서야 하기에 사마천의 글귀가 낯설지 않다.

高山仰止 景行行止 雖不能至 然心鄕往之 司馬遷『史記·孔子世家』

서평

김재경 / 성균관 유교신문 편집장

석전학 발전에 획기적인 이정표 세운 역작

일무는 무엇인가? 단지 봄과 가을 석전봉행 시 성균관 대성전 뜰에서 추는 의례적인 춤에 불과한가? 아니면 사진 기자들의 플래시 세례를 독차지하는 선홍색 무복舞服의 젊고 예쁜 무용수들이 추는 볼거리에 지나지 않는가? 그 춤의 원형은 유일한 것인가? 아니라면 그 춤의 원형들은 어떤 역사적 변천 과정을 거쳐왔는가? 그 원형은 현재 일무에 어느 정도까지 남아 있고, 그 원형에 담긴 뜻은 도대체 무엇을 말하는가?

이렇게 수많은 의문들이 있어왔다. 하지만 그동안 아무도 이에 대해 공개적으로 문제를 제기하지도, 속 시원한 대답을 내놓지도 않았다.

임학선(성균관대 무용학과) 교수가 있다. 그이는 우리춤 〈공자〉로 중국과 유럽 등 전 세계에 문묘일무에 대한 인식을 새롭게 확산시키고 있는 주인공이다. 그이는 지난해 가을『문묘일무보 도해』로 학계를 놀라게 했다. 그 책에는 명대의『궐리지』·『남옹지』 등과 청대의『반궁예악전서』 등 13종, 조선시대의『춘관통고』 등 4종, 모두 합해 17종의 문묘일무보가 수록되어 있다. 뿐만 아니라 일무의 모든 춤동작을 선명하게 보여주는 그림은 물론이고, 그 춤사위를 설명하는 술어가 원문과 함께 우리말로 번역되어 있다.

그런데 임학선 교수가 후속작으로『문묘일무의 이해』를 세상에 내놓았다. 후텁지근한 장마철 무더위를 일거에 날려버리는 희소식이 아닐 수 없다. 이번에 나온 책은 그간 그 실상이 은폐되어왔던 동양무용의 정수 문묘일무를 탈脫 은폐시키는 지적 작업의 산물이다.

이 책은 문묘일무의 역사를 상고시대까지 거슬러 올라가 그 연원을 살피고 있다. 이어 주周대에 성립된 것으로 알려진 육대대무六代大舞와 육대소무六代小舞, 현행 일무의 실질적인 뿌리라고 할 수 있는 송대의 문무와 무무의 정립 과정을 소상히 밝히고 있다. 또 명·청·조선의 문묘일무보에 전해지는 내용을 분석하여 각 무보별로 압축적으로 설명하고 있다.

특히 이 책 후반부에서는 문묘일무의 구조와 춤사위 술어, 유형 및 변이를 하나하나 실례를 통해 이론적으로 규명함으로서 '잠자고' 있던 문묘일무의 실체를 백일하에 드러내고 있다. 또한 저자는 무위사표도舞位四表圖 등 자칫 헷갈리기 쉬운 내용들을 모두 수많은 표와 그림으로 일목요연하게 정리하는 수고를 아끼지 않았다. 부록으로 실린 '용어 해설'은 그만큼 더 독자들의 이해를 쉽게 한다. 그러한 공력이 지난해 나온『문묘일무보 도해』를 2006 문화관광부 우수학술도서로 선정되도록 했으리라.

4. 문묘일무의 예악사상

『문묘일무의 예악사상』 2011
2012년도 대한민국학술원 선정 우수학술도서

일무의
악사상
廟佾舞 禮樂思想
임학선 지음

문묘일무의 예악사상

임학선 / 저자 서문

춤의 시원과 주역周易에서 추적한 문묘일무

일무에는 종묘일무宗廟佾舞와 문묘일무文廟佾舞 두 종류가 있다. 종묘일무는 조선조 역대 왕들을 모시는 의례에서 추는 춤이고, 문묘일무는 공자를 비롯한 퇴계와 율곡 등 훌륭한 스승을 섬기는 문묘제례인 석전(釋奠, 국가무형문화재 제85호)에서 추는 춤이다.

석전은 본시 천지인의 다양한 제사의식을 일컫는 것이었으나 성현·선사를 섬기는 것에서 공자 중심의 문묘제사로 변화 발전을 이루어 오늘에 이른다. 그러므로 대학을 상징하는 문묘의 공간에서 학생들이 스승을 공경의 예로 섬기는 의식무가 곧 문묘일무가 된다. 그러나 오늘날 이 춤이 지니는 진정한 의미는 학생들이 스승을 섬기는 것에 한정된 것이 아니라 스승과 제자가 서로의 마음을 나누는 것에 있다고 본다. 유교문화의 꽃으로 일컬어지는 이 춤은 조선시대 국립대학인 성균관 중심으로 발전을 이루어온 우리나라의 귀중한 문화유산이자 유교이념을 교시로 하는 성균관대학교를 상징하는 춤이기도 하다. 대학을 상징하는 전통의례(釋奠)와 춤(佾舞)은 어디에서도 찾기 어려운 것이기에 그 가치는 더욱 크다 할 것이다.

평소 전통문화에 관심이 많았던 필자가 석전과 문묘일무를 접하게 된 것은 성균관대학교에 부임하면서이다. 작품 소재를 찾기 위해 여기저기 찾아다니던 오랜 습관으로 600여 년 전의 숨결이 살아 숨 쉬는 성균관까지 발걸음이 닿은 것이다. 공자와 그를 제사하는 춤이 어떤 춤인지 궁금했다. 그래서 수집하게 된 것이 문묘일무의 춤사위를 그림으로 그린 문묘일무보文廟佾舞譜이다. 무보에 그려진 춤사위는 얼핏 보기에도 특별한 의미가 있는 것으로 느껴져 큰 충격이었다. 춤사위 하나하나를 분석하면서 조금씩 알아가는 재미에 푹 빠지게 되었다. 이러한 과정에서 17종의 무보를 국역한『문묘일무보 도해』와 이론서『문묘일무의 이해』를 출판하였고, 이번에『문묘일무의 예악사상』을 펴내게 되었다.

『문묘일무의 이해』가 일무의 유래 및 춤사위의 원리와 구조를 기본적으로 파악한 것이었다면, 본서는 보다 구체적인 춤의 근원을 찾기 위해 주역周易의 이론에 근거하여 일무를 분석한 것이라 하겠다.

『반궁예악전서』에 따르면 "문무文舞는 '육효의 변화'를 취하여 만들어진 춤이다"라고 전하고 있다. 이 말의 근거를 찾기 위해 고심하던 중 조선시대의『아악고雅樂考』에서 '팔음방위지도八音方位之圖'에 대한 흔적을 추적할 수 있었다. 팔음방위지도는 문왕팔괘의 순환구조에 따라 변화되는 팔음·팔방·팔풍의 관계를 그림으로 그려 전한다. 그것에 근거하여 팔괘八卦와 팔음八音·팔방八方·팔풍八風 그리고 팔일八佾의 상관관계를 파악하게 되었다. 또한 고대 춤의 시원을 비롯하여 춤의 기본이 되는 진퇴進退의 형성 배경과 팔괘의 원리가 적용된 일무의 특성을 추출하였고, 송대 이후 명·청대와 우리나라 조선시대에 형성된 문묘일무의 춤사위에 내재된 철학적 의미와 예악사상을 차례대로 밝힐 수 있게 되었다. 이러한 과정은 우리춤의 역사적·정신적 의미를 되새겨봄과 아울러 큰 틀 속에서 춤의 역사를 다시 생각하는 계기가 되어 큰 소득이었다.

본서의 차별화된 특징이라면 무엇보다도 문헌 연구와 함께 문묘일무의 춤 현장을 중시한 연구서라는 점일 것이다. 제8차(2003~2010)에 걸친 '문묘일무의 원형 복원을 위한 학술시연'이 그 내용을 뒷받침해주고 있다. 결론적으로 문묘일무의 춤사위와 무위(舞位, 춤추는 위치)의 복원은 춤의 이론적 측면과 춤 현장의 실제적 연구를 병행한 것으로 춤을 다각적인 방향에서 이해할 수 있는 계기를 조금이나마 마련하게 되었다고 본다. 향후 인문학과 예술학의 학제 간 융합연구를 넘어 보다 발전적인 통섭統攝을 기대할 수 있을 것이다.

서평

이민홍 / 성균관대학교 명예교수

『문묘일무의 예악사상』 발간에 즈음하여

임학선 교수의 『문묘일무의 예악사상』이 성균관대학교 출판부에서 발간되었다. '문묘일무'는 세계에서 우리나라만이 그 완전한 모습을 갖고 있는 귀중한 문화유산이며, 본거지인 중국에서도 그 맥락이 단절된 고대로부터 중세를 거쳐 현대까지 전승된 전아한 제의무도祭儀舞蹈이다. 필자는 '무용'이라는 용어보다 고문헌에서 중후한 의미를 지닌 채 널리 사용된 '무도'라는 단어를 즐겨 쓰고 있다. '문묘일무'가 이처럼 막중한 가치를 지녔기 때문에 연구자들에게 높은 관심의 대상이 되어 간혹 논란이 제기되기도 했다.

이민홍(李敏弘 : 1941~) 성균관대학교 명예교수로 충북대 교수와 성균관대 대학원장, 한국시가학회 회장, 한국고전번역원 이사장을 역임하였다. 주요 저서로는 『증보 사림파문학의 연구』(2000), 『한문화와 한문학의 정체성』(2003), 『위대한 스승, 공자 사상의 재발견』(2005), 『유득공의 21도 회고시』(2008) 등이 있다.

그러나 이 같은 견해와 해석의 차이는 문묘일무가 그만큼 중요한 무도임을 말할 뿐 아니라, 문묘일무의 연구 영역과 가치 판단의 격을 향상시키는 것으로 필자는 이를 긍정적으로 평가한다. 학설이 획일적으로 일원화되는 것은 해당 학문의 불행이다. 왜냐하면 끊임없이 재평가와 재해석이 전개되어 감춰진 진실이 계속 발굴되어야 함에도 불구하고, 학설이라는 명분으로 조급하게 결론이 내려지면 깊숙이 내재된 진수를 영원히 유실할 수 있기 때문이다. 그러므로 문묘일무에 대한 연구자들의 견해 차이가 나는 것은 문묘일무의 입장에서 볼 때 불행이 아닌 행운으로 인정된다.

임학선 교수는 예악사상을 척도로 하여 문묘일무를 평결하고자 했다. 이는 문묘일무 연구의 새로운 지평의 개척을 의미하는 중요한 시도이므로 계속 이를 천착하여 보람찬 연구 성과가 온축되기를 기대한다. 일찍이 눌재 양성지梁誠之는 문묘文廟와 함께 무묘武廟도 있어야 한다고 주장하면서, 강태공을 주향主享으로 하고 김유신, 강감찬, 을지문덕, 최영 등 역대 조국을 지킨 장군들을 배향配享으로 한 무묘 개설을 제안했다. 만일 양성지의 주장대로 조선조에 무묘가 창건되었다면, 지금 남아 있는 일무도 응당 문무와 무무로 분화되어 한층 더 그 내용이 풍부해지지 않았을까 하는 예상도 해본다.

문묘와 무묘의 주향이 모두 중원 인물임에는 문제가 있으나, 당시 범동양권적 글로벌 풍토에서 이를 부정적으로 인식할 필요는 없다. 중국의 무묘 역시 강태공을 주향으로 삼고 관우와 악비 등을 종사從祀하여 공부자의 문묘와 함께 존숭했다. 조선조 초엽 무묘가 설립되었다면 상무정신이 고양되어 임진왜란·병자호란 등의 국난을 예방하지 않았을까 하는 생각도 해본다. 성균관의 문묘일무는 문무와 무무가 함께 추어졌다. 문묘에서 무무가 연희된 이유는 고대 학궁에서 무왕武王을 위시한 무성武聖들도 모셔졌기 때문이다. 만일 무묘가 설치되었다면 문무와 분리되어 무무가 통시적으로 단독으로 추어졌을 터이니, 웅혼하고 용맹스런 무무의 춤사위가 진작되어 이에 따른 무도의 콘텐츠도 풍성해졌을 것이다.

임학선 교수는 문묘일무를 통시적으로 정치하게 검토하고 분석했다. 1장에서 '일무의 유래와 종류 및 형식'을 고찰했고, 2장에서는 '일무의 원리와 구조', 3장에서는 '일무의 춤사위', 4장에서는 '춤사위의 역학적 원리와 구조', 5장에는 '춤사위와 예악사상'을 논했다. 춤은 일차적으로 시각에 호소하는 예술이기 때문에 그림과 도표가 매우 중요하다. 저자는 이를 감안하여 한국과 중원의 일무와 관련된 수많은 그림들을 수집하여 이 간책簡册에 수록했다. 성현成俔이 찬진한『악학궤범』내용의 절반 이상이 각종 악무와 연계된 도표로 구성된 사실을 상기하게 된다.

성현은『악학궤범』서문에서 "노래는 말을 길게 늘여서 율려律呂에 조화를 시킨 것이고, 춤은 팔풍八風에 근원하여 절도를 맞춘 것이다"라고 했다. 춤이 '팔풍'과 본원적으로 접맥된 것임은 오래전부터 언급되고 있었지만, 구체적으로 팔풍이 어떤 양상으로 춤에 구현되었는지는 아직 명쾌한 해석이 없다. 임학선 교수도 이를 인식하고 일무 춤사위의 역학적 구조를 논의하면서 팔음八音과 팔풍八風 그리고 팔방八方과의 관련성을 밀도 있게 다루고 있다.

저자는 진일보하여 무도를 문왕文王의 팔괘八卦까지 확장시켜 춤의 역학적 구조를 탐색했다. 일무의 근원을 신화와 주조周朝가 계승하여 종합 정리한 '운문雲門·함지咸池·대소大韶·대하大夏·대호大護·대무大武' 등 육무六舞에까지 소급시켜 논의한 것은 주목되는 발상이다. 고대 육무에서 대소大韶와 대무大武를 제외한 나머지 사무四舞가 과연 당대에 실제로 남아 있었는지는 의문이긴 하나 고문헌마다 번다하게 기록된 점을 감안할 때, 그 존재를 전적으로 부정하기는 어렵다.

2장 '고대 일무의 원리와 구조'에서, 무율舞律과 12율려律呂 및 무위舞位와 무표舞表·삼진삼퇴三進三退·육변六變·팔변八變·구변九變을 연계하여 일무의 근원을 밝힌 점 역시 주목된다. 3장, 4장의 '문묘일무의 춤사위와 그 역학적 원리와 구조'에서, 저자는 이 편장에 특별히 관심을 가져 이를 치밀하게 고찰했다. 성균관 '문묘일무'의 춤사위를 논하는 과정에서 '문무'의 바탕이 되는 구덕九德과 '무무'의 근저인 칠덕七德을 거론한 것은 '문묘일무'의 실상을 파악하는 데 새로운 창을 연 것으로 평가된다.

4장 '문묘일무 춤사위의 역학적 원리와 구조'에서, 음양陰陽과 천지인天地人 삼재三才 그리고 문왕 팔괘와 팔괘에 배정된 팔방위八方位까지 연결시켜 '문묘일무'의 저변을 밝혔고, 아울러 역학易學적 논리를 적용한 것 또한 '문묘일무'의 본원을 파악하는 데 도움이 된다. '문묘일무'는 육일무六佾舞를 거쳐 황제예악皇帝禮樂인 팔일무八佾舞로 격상되었다. 조선조 정조 연간에 성균관 석전의식釋奠儀式에서 육일무가 연희되었다. '문묘일무'가 이처럼 '팔일무'로 승격되어 추어진 것은 공부자의 위상이 시대가 진행됨에 따라 높아진 사실을 반영한 것이다.

저자는 독자의 이해와 눈높이를 맞추기 위해 1장에서 5장까지 내용 전개에 수반된 그림과 도표들을, 우리나라와 중국 문헌들에서 꼼꼼히 적출하여 해당 편장에 첨부하여 독자들의 이해를 도왔다. 이와 더불어 문묘일무에 반드시 필요하다고 인정되는 자료가 문헌에 없을 경우, 이를 재현하는 수고도 아끼지 않을 만큼 심혈을 기울였다. 현재 성균관 문묘 석전의식에 거행되는 문묘일무가 과연 얼마만큼 고대의 원형을 보존하고 있는지는 시각에 따라 다른 평가가 있을 수 있지만, 현실적으로 천여 년 동안 전래된 유일한 일무임을 감안할 때 국내외에 잔존한 각종 문헌들을 참고하여 문묘일무의 핍진한 춤사위가 명료하게 규명되기를 바란다.

문묘일무의 원형과 시대에 따른 발전적 실상을 적의하게 밝히기 위해 견해가 상이한 학자의 연구 성과들을 타산지석으로 활용하는 인식도 필요한 것으로 여겨진다. 임학선 교수의 본격적 연구서인『문묘일무의 예악사상』의 발간을 계기로 하여, 정연하게 논리체계가 갖추어진 문묘일무가 세계에 널리 전파되어 '세계문화유산'으로 등재되기를 기대하면서 무잡한 추천사를 갈음한다.

임학선 안무론

초판 1쇄 인쇄 2017년 11월 24일
초판 1쇄 발행 2017년 11월 30일

지은이 임학선
펴낸이 정규상
펴낸곳 성균관대학교 출판부
책임편집 신철호
편　집 현상철·구남희
외주디자인 주홍디자인
마케팅 박정수·김지현

등록 1975년 5월 21일 제1975-9호
주소 03063 서울특별시 종로구 성균관로 25-2
대표전화 02)760-1252~4
팩스밀리 02)762-7452
홈페이지 press.skku.edu

ISBN 979-11-5550-259-4 93680
ISBN 979-11-5550-257-0(세트)